메시지 | 마태복음

THE MESSAGE: Matthew

Eugene H. Peterson

The
MESSAGE

마태복음

유진 피터슨

복 있는 사람

메시지 | 마태복음

2019년 9월 27일 초판 1쇄 발행
2022년 2월 8일 초판 2쇄 발행

지은이 유진 피터슨
옮긴이 김순현 윤종석 이종태
감수자 김영봉
펴낸이 박종현

(주) 복 있는 사람
주소 서울특별시 마포구 연남동 246-21(성미산로23길 26-6)
전화 02-723-7183(편집), 7734(영업·마케팅) 팩스 02-723-7184
이메일 hismessage@naver.com
등록 1998년 1월 19일 제1-2280호

ISBN 978-89-6360-311-7 00230

이 도서의 국립중앙도서관 출판예정도서목록(CIP)은 서지정보유통지원시스템 홈페이지(http://seoji.nl.go.kr)와 국가자료공동목록시스템(http://www.nl.go.kr/kolisnet)에서 이용하실 수 있습니다. (CIP 제어번호: 2019034711)

『메시지』는 유진 피터슨 *The* MESSAGE 공식 한국어판입니다.

차례

일러두기

• 유진 피터슨의 『메시지』 영어 원문을 번역하면서, 한국 교회의 실정과 환경을 고려하여 『메시지』 한글 번역본의 극히 일부분을 의역하거나 문장과 용어를 바꾸었다.

『메시지』를 읽는 독자에게

『메시지』에 독특한 점이 있다면, 현직 목사가 그 본문을 다듬었기 때문일 것이다. 나는 성경의 메시지를 내가 섬기는 사람들의 삶 속에 들여놓는 것을 내게 주어진 일차적 책임으로 받아들이고 성인 인생의 대부분을 살아왔다. 강단과 교단, 가정 성경공부와 산상수련회에서 그 일을 했고, 병원과 양로원에서 대화하면서, 주방에서 커피를 마시고 바닷가를 거닐면서 그 일을 했다. 『메시지』는 40년간의 목회 사역이라는 토양에서 자라난 열매다.

인간의 삶을 만들고 변화시키는 하나님의 말씀은, 내가 『메시지』 작업을 하는 동안 정말로 사람들의 삶을 만들고 변화시켰다. 우리 교회와 공동체라는 토양에 심겨진 말씀의 씨앗은, 싹을 틔우고 자라서 열매를 맺었다. 현재의 『메시지』를 작업할 무렵에는, 내가 수확기의 과수원을 누비며 무성한 가지에서 잘 영근 사과며 복숭아며 자두를 따고 있다는 기분이 들곤 했다. 놀랍게도 성경에는, 내가 목회하는 성도며 죄인인 사람들이 살아 낼 수 없는 말씀, 이 나라와 문화 속에서 진리로 확증되지 않는 말씀이 단 한 페이지도 없었다.

8

내가 처음부터 목사였던 것은 아니다. 원래 나는 교사의 길에 들어서서, 몇 년간 신학교에서 성경 원어인 히브리어와 그리스어를 가르쳤다. 남은 평생을 교수와 학자로 가르치고 집필하고 연구하며 살겠거니 생각했었다. 그러다 갑자기 직업을 바꾸어 교회 목회를 맡게 되었다.

뛰어들고 보니, 교회는 전혀 다른 세계였다. 제일 먼저 눈에 띈 차이는, 아무도 성경에 별로 관심이 없어 보인다는 점이었다. 얼마 전까지만 해도, 사람들은 내게 돈을 내면서까지 성경을 가르쳐 달라고 했는데 말이다. 내가 새로 섬기게 된 사람들 중 다수는, 사실 성경에 대해 아무것도 몰랐다. 성경을 읽은 적도 없었고, 배우려는 마음조차 없었다. 성경을 몇 년씩 읽어 온 사람들도 많았지만, 그들에게 성경은 너무 익숙해서 무미건조하고 진부한 말로 전락해 있었다. 그들은 지루함을 느낀 나머지 성경을 제쳐 둔 상태였다. 그 양쪽 사이에 있는 사람은 많지 않았다. 내가 가장 중요하게 여긴 일은, 성경 말씀을 그 사람들의 머리와 가슴 속에 들여놓아서, 성경의 메시지가 그들의 삶이 되게 하는 것이었다. 그러나 거기에 관심을 갖는 사람은 거의 없었다. 신문과 잡지, 영화와 소설이 그들 입맛에 더 맞았다.

결국 나는, 바로 그 사람들에게 성경의 메시지를 듣게—정말로 듣게—해주는 일을 내 평생의 본분으로 삼게 되었다. 그것이야말로 확실히 나를 위해 예비된 일이었다.

나는 성경의 세계와 오늘의 세계라는 두 언어 세계에 살고 있었다. 나는 언제나 그 두 세계가 같은 세계인 줄 알았다. 그러나 사람들은 그렇게 보지 않았다. 나는 어쩔 수 없이 "번역가"(당시에는 그런 표현을 쓰지 않았지만)가 되었다. 날마다 그 두 세계의 접경에 서서, 하나님이 우리를 창조하시고 구원하시고 치유하시고 복 주시고 심판하시고 다스리실 때 쓰시는 성경의 언어를, 우리가 잡담하고 이야기하고 길을 알려 주고 사업하고 노래 부르고 자녀에게 말할 때 쓰는 오늘의 언어로 옮긴 것이다.

그렇게 하는 동안, 성경의 원어—강력하고 생생한 히브리어와 그리스어—는 끊임없이 내 설교의 물밑에서 작용했다. 성경의 원어는 단어와 문장을 힘 있고 예리하게 해주고, 내가 섬기는 사람들의 상상력을 넓혀 주었다. 그래서 오늘의 언어 속에서 성경의 언어를 듣고, 성경의 언어 속에서 오늘의 언어를 들을 수 있게 해주었다.

나는 30년간 한 교회에서 그 일을 했다. 그러던 어느 날(1990년 4월 30일이었다), 한 편집자가 내게 편지를 보내 왔다. 그동안 내가 목사로서 해온 일의 연장선에서 새로운 성경 번역본을 집필해 달라는 청탁의 편지였다. 나는 수락했다. 그 후 10년은 수확기였다. 그 열매가 바로 『메시지』다.

『메시지』는 읽는 성경이다. 기존의 탁월한 주석성경을 대체하기 위한 것이 아니다. 내 취지는 간단하다. (일찍이 우리 교회와 공동체에서도 그랬듯이) 성경이 충분히 읽을 수 있는 책이라는 사실을 모르는 사람들에게 성경을 읽게 해주고, 성경에 관심을 잃은 지 오래된 사람들에게 성경을 다시 읽게 해주는 것이다. 그렇다고 굳이 내용을 쉽게 하지는 않았다. 성경에는 이해하기 어려운 부분도 많이 있다. 그래서 『메시지』를 읽다 보면, 더 깊은 연구에 도움이 될 주석성경을 구하는 일이 조만간 중요하게 여겨질 것이다. 그때까지는, 일상을 살기 위해 읽으라. 읽으면서 이렇게 기도하라. "하나님, 말씀하신 대로 내게 이루어지기를 원합니다."

유진 피터슨

마태복음 | 머리말

예수의 이야기는 예수로 시작하지 않는다. 하나님은 이미 오래전부터 일해 오셨다. 예수의 일은 구원이며, 그것은 아주 오래된 일이다. 창세전부터 시작되어 면면이 이어져 온 모든 주제와 기운과 운동이 결집되어, 최종 모습으로 드러난 것이 곧 예수다.

마태는 한 지방에서 벌어진 예수의 이야기를 세계 역사의 정황 안에 배치하면서 신약성경의 문을 연다. 예수의 탄생과 삶과 죽음과 부활에 관한 그의 기록을 읽노라면, 우리는 앞서 일어난 모든 일과 연결 지어 그것을 볼 수밖에 없다. 실제로 예수의 탄생에 관한 기록만 해도, 마태는 독자들에게 메시아가 오심으로 구약의 두 예언이 성취되었음을 상기시키고 있다.

잘 보아라, 처녀가 임신하여 아들을 낳을 것이며
그 이름을 임마누엘이라 할 것이다!
(임마누엘은 히브리 말로 '하나님이 우리와 함께하신다'는 뜻이다.)(마 1:23; 사 7:14 인용)

유대 땅 베들레헴아,
너는 더 이상 뒤만 따르지 않을 것이다.
네게서 지도자가 나와
내 백성 이스라엘을 목자처럼 다스릴 것이다(마 2:5-6;
미 5:2 인용).

"성취된다"는 말은 마태가 유독 많이 쓰는 동사다. 어떤 일
이 벌어지는 것은 "말씀이 성취되기 위해서"다. 예수는 독
특하지만 유별난 분은 아니시다.

　더 나아가, 마태가 이야기하는 방식을 보면, 우리 이전에
일어난 모든 일이 예수 안에서 완성될 뿐 아니라 우리도 예
수 안에서 완성된다는 것을 알 수 있다. 매일 아침 잠에서
깰 때마다 우리는 이미 시작된 일, 오랫동안 진행되어 온 일
한가운데 있다. 우리의 족보와 우리가 살고 있는 지역이 그
러하고, 역사와 문화와 우주 그리고 하나님 이야기가 그렇
다. 이 이야기 속에서 우리는 우연의 산물도 아니고 군더더
기처럼 불필요한 존재도 아니다. 이 이야기 속에서 우리는
우리 인생의 방향을 발견하고, 우리 삶에 대한 설명과 확신
까지 찾게 된다.

　마태는 종합적인 정황을 내놓는다. 하나님의 모든 창조와
구원이 예수 안에서 완성되고, 우리 삶의 모든 부분—일,
가정, 친구, 추억, 꿈—이 예수 안에서 완성되는 것을 우리
는 그 속에서 보게 된다. 예수께서는 "내가 하나님의 율법이

든 예언자든, 성경을 폐지하러 왔다고 생각하지 마라. 내가 온 것은 폐지하려는 것이 아니라 오히려 완성하려는 것이다. 나는 그 모든 것을 거대한 하나의 파노라마 속에 아우를 것이다"라고 말씀하셨다(마 5:17). 이러한 정황이 없으면, 우리는 자칫 예수를 신문에 나는 일상사와는 동떨어진 분으로 여길 수 있다. 그것은 사실과 전혀 동떨어진, 매우 위험스러운 일이다.

마태복음

1 ¹ 아브라함의 자손이며 다윗의 자손인 예수 그리스도의 족보다.

²⁻⁶ 아브라함은 이삭을 낳았고
이삭은 야곱을 낳았고
야곱은 유다와 그 형제들을 낳았고
유다는 베레스와 세라를 낳았고(그들의 어머니는 다말이었다)
베레스는 헤스론을 낳았고
헤스론은 람을 낳았고
람은 아미나답을 낳았고
아미나답은 나손을 낳았고
나손은 살몬을 낳았고

살몬은 보아스를 낳았고(그의 어머니는 라합이었다)
보아스는 오벳을 낳았고(룻이 그의 어머니였다)
오벳은 이새를 낳았고
이새는 다윗을 낳았고
다윗은 왕이 되었다.

6-11 다윗은 솔로몬을 낳았고(우리야의 아내가 그의 어머니
였다)
솔로몬은 르호보암을 낳았고
르호보암은 아비야를 낳았고
아비야는 아사를 낳았고
아사는 여호사밧을 낳았고
여호사밧은 요람을 낳았고
요람은 웃시야를 낳았고
웃시야는 요담을 낳았고
요담은 아하스를 낳았고
아하스는 히스기야를 낳았고
히스기야는 므낫세를 낳았고
므낫세는 아몬을 낳았고
아몬은 요시야를 낳았고
요시야는 여호야긴과 그 형제들을 낳았고
그 무렵에 백성이 바빌론에 포로로 잡혀갔다.

12-16 바빌론으로 잡혀간 뒤에
여호야긴은 스알디엘을 낳았고
스알디엘은 스룹바벨을 낳았고
스룹바벨은 아비훗을 낳았고
아비훗은 엘리아김을 낳았고
엘리아김은 아소르를 낳았고
아소르는 사독을 낳았고
사독은 아킴을 낳았고
아킴은 엘리웃을 낳았고
엘리웃은 엘르아살을 낳았고
엘르아살은 맛단을 낳았고
맛단은 야곱을 낳았고
야곱은 마리아의 남편인 요셉을 낳았고
마리아는
그리스도라 하는 예수를 낳았다.

17 아브라함부터 다윗까지 열네 대,
다윗부터 바빌론으로 잡혀갈 때까지 열네 대,
바빌론으로 잡혀간 뒤로 그리스도까지 열네 대였다.

예수의 탄생

18-19 예수께서 태어나신 경위는 이렇다. 그분의 어머니 마리
아는 요셉과 약혼한 사이였다. 그들이 결혼하기 전에, 요셉

은 마리아가 임신한 사실을 알게 되었다. (성령으로 된 일이
었으나 요셉은 그 사실을 몰랐다.) 요셉은 마음이 상했지만 점
잖은 사람인지라, 마리아에게 욕이 되지 않게 조용히 문제
를 매듭지을 참이었다.

20-23 방도를 찾던 중에 요셉이 꿈을 꾸었다. 꿈속에서 하나
님의 천사가 말했다. "다윗의 자손 요셉아, 주저하지 말고
결혼하여라. 마리아의 임신은 성령으로 된 것이다. 하나님
의 성령이 잉태하게 하신 것이다. 마리아가 아들을 낳을 것이
니, 그 이름을 예수―'하나님이 구원하신다'―라고 지어
라. 그가 자기 백성을 그 죄에서 구원하실 것이다." 이로써
예언자가 잉태한 설교가 드디어 성취되었다.

　　잘 보아라, 처녀가 임신하여 아들을 낳을 것이며
　　그 이름을 임마누엘이라 할 것이다!
　　(임마누엘은 히브리 말로 '하나님이 우리와 함께하신다'는
　　뜻이다.)

24-25 요셉은 잠에서 깼다. 그는 하나님의 천사가 꿈에 지시
한 대로 마리아와 결혼했다. 그러나 그는 마리아가 아기를
낳을 때까지는 잠자리를 같이하지 않았다. 그는 아기의 이
름을 예수라고 지었다.

동방에서 온 학자들

2

1-2 예수께서 유대 땅 베들레헴 마을에서 태어나시자—당시는 헤롯이 왕으로 있을 때였다—동방에서 학자들이 예루살렘을 찾아왔다. 그들이 물었다. "새로 태어난 유대인의 왕에게 예를 갖추려면 어디로 가야 합니까? 우리는 동쪽 하늘에서 그의 탄생을 알리는 별을 보았습니다. 그래서 그에게 경배하려고 순례를 왔습니다."

3-4 그들의 질문을 전해 들은 헤롯은 잔뜩 겁이 났다. 헤롯만이 아니라 온 예루살렘이 발칵 뒤집혔다. 헤롯은 한시도 지체하지 않고 그 도시에 있는 대제사장과 종교 학자들을 다 모아 놓고 물었다. "메시아가 태어날 곳이 어디요?"

5-6 그들이 말했다. "유대 땅 베들레헴입니다. 예언자 미가가 분명히 기록했습니다.

유대 땅 베들레헴아,
너는 더 이상 뒤만 따르지 않을 것이다.
네게서 지도자가 나와
내 백성 이스라엘을 목자처럼 다스릴 것이다."

7-8 그러자 헤롯은 동방의 학자들을 은밀히 따로 만났다. 그는 자기도 그들처럼 열성인 척하면서, 탄생을 알리는 별이 나타난 정확한 때를 자세히 캐물었다. 그러고는 그들에게 베들레헴에 관한 예언을 일러 주면서 말했다. "가서 무슨 수

를 써서라도 그 아기를 찾으시오. 찾거든 곧바로 나한테 알리시오. 나도 즉시 가서 경배하리라."

⁹⁻¹⁰ 그들은 왕의 지시를 듣고 길을 떠났다. 그때, 별이 다시 나타났다. 동쪽 하늘에서 보았던 바로 그 별이었다. 별은 그들을 앞장서 가다가 아기 있는 곳 위에 머물렀다. 그들은 기뻐서 어쩔 줄을 몰랐다. 제때에 제자리에 도착한 것이다!

¹¹ 그들은 집에 들어가, 어머니 마리아의 품에 안긴 아기를 보았다. 그러고는 감격에 겨워 무릎을 꿇고 아기에게 경배한 뒤에, 곧 짐을 풀어서 황금과 유향과 몰약을 선물로 드렸다.

¹² 꿈에 그들은 헤롯에게 돌아가지 말라는 지시를 받았다. 그래서 그들은 다른 길을 찾아서 몰래 그 지방을 빠져나가, 자기 나라로 돌아갔다.

❧

¹³ 학자들이 떠난 뒤에, 하나님의 천사가 다시 요셉의 꿈에 나타나 지시했다. "일어나거라. 아기와 그 어머니를 데리고 이집트로 피신하여라. 따로 지시가 있을 때까지 거기 있어라. 헤롯이 아기를 찾아 죽이려고 한다."

¹⁴⁻¹⁵ 요셉은 순종했다. 그는 일어나, 밤을 틈타 아기와 그 어머니를 데리고 떠났다. 동틀 무렵에 마을을 벗어나 제법 멀리까지 가 있었다. 그들은 헤롯이 죽을 때까지 이집트에서 살았다. 이집트에서 나그네로 살아간 이 일은 "내가 내 아들을 이집트에서 불러냈다"고 한 호세아의 설교를

성취한 것이다.

16-18 헤롯은 학자들이 자기를 속인 것을 알고 노발대발했다. 그는 베들레헴과 그 부근에 사는 두 살 이하의 사내아이들을 모조리 죽이라고 명령했다. (그 나이는 그가 동방의 학자들한테서 들은 정보를 바탕으로 정한 것이다.) 그리하여 예레미야의 설교가 성취되었다.

라마에 소리가 들리니
슬픔에 겨운 울음소리다.
라헬이 자식을 잃고 우는 소리,
위로받기를 마다하고 우는 소리다.
죽어서 묻힌 자식들,
이제는 가고 없구나.

19-20 나중에 헤롯이 죽자, 하나님의 천사가 이집트에 있는 요셉의 꿈에 나타났다. "일어나 아기와 그 어머니를 데리고 이스라엘로 돌아가거라. 아기를 죽이려던 자들이 다 죽었다."

21-23 요셉은 순종했다. 그는 일어나, 아기와 그 어머니를 데리고 이스라엘로 다시 들어갔다. 그러나 아켈라오가 그 아버지 헤롯의 뒤를 이어 유대의 왕이 되었다는 말을 듣고, 요셉은 그곳으로 가기를 두려워했다. 마침 요셉은 꿈에 갈릴리로 가라는 지시를 받았다. 그곳에 도착한 요셉은 나사렛 마을에 정착했다. 이로 인해 "그는 나사렛 사람이라 할 것이

다"라고 한 예언의 말씀이 성취되었다.

광야에서 외치는 소리

3 ¹⁻² 예수께서 갈릴리에 살고 계실 때, "세례자"라 하는 요한이 유대 광야에서 말씀을 전하고 있었다. 그의 메시지는 주변 광야만큼이나 간결하고 꾸밈이 없었다. "너희 삶을 고쳐라. 하나님 나라가 여기 있다."
³ 요한과 그의 메시지는 이사야의 예언으로 권위가 인정되었다.

광야에 울리는 천둥소리다!
하나님이 오고 계시니 준비하여라!
길을 내어라. 곧고 평탄한 길을 내어라!

⁴⁻⁶ 요한은 낙타털로 된 옷을 입고 허리에 가죽띠를 둘렀다. 그리고 메뚜기와 야생꿀을 먹고 살았다. 그가 하는 일을 듣고 보려고 예루살렘과 유대와 요단 강 지역에서 사람들이 쏟아져 나왔다. 죄를 고백하러 온 사람들은, 그곳 요단 강에서 세례를 받고 삶을 고치기로 결단했다.
⁷⁻¹⁰ 세례가 점차 인기를 얻다 보니 많은 바리새인과 사두개인들도 세례를 체험하러 모습을 드러냈는데, 이를 안 요한은 버럭 소리를 질렀다. "뱀의 자식들아! 이 강가에 슬그머니 내려와서 무엇을 하는 거냐? 너희의 뱀가죽에 물을 좀

묻힌다고 뭐가 달라질 것 같으냐? 바꿔야 할 것은, 너희 겉 가죽이 아니라 너희 삶이! 아브라함을 조상으로 내세우면 다 통할 것이라고 생각하지 마라. 아브라함의 자손인 것과는 아무 상관도 없는 일이다. 흔해 빠진 것이 아브라함의 자손이다. 중요한 것은 너희 삶이다. 너희 삶은 푸르게 꽃피고 있느냐? 말라죽은 가지라면 땔감이 되고 말 것이다.

11-12 내가 이 강에서 세례를 주는 것은, 너희의 옛 삶을 바꾸어 천국의 삶을 준비시키려는 것이다. 하지만 진짜는 이제부터다. 이 드라마의 주인공은 너희 안에 천국의 삶을, 너희 안에 불을, 너희 안에 성령을 발화시켜, 너희를 완전히 바꾸어 놓으실 것이다. 그분께 비하면 나는 잔심부름꾼에 지나지 않는다. 그분은 집을 깨끗이 하실 것이다. 너희 삶을 대대적으로 정리하실 것이다. 그분은 참된 것은 모두 하나님 앞 제자리에 두시고, 거짓된 것은 모두 끄집어내어 쓰레기와 함께 태워 버리실 것이다."

❧

13-14 그때, 예수께서 갈릴리로부터 요단 강에 오셔서 모습을 나타내셨다. 예수께서 요한에게 세례를 받으려고 하시자 요한이 말렸다. "세례를 받아야 할 사람은 당신이 아니라 접니다!" 15 그러나 예수께서는 단호하셨다. "내 말대로 하여라. 오랜 세월 동안 이어져 온 하나님의 바로잡는 역사(役事)가 바로 지금, 이 세례 속에서 하나로 모아지고 있다." 그래서 요한

은 말씀대로 했다.

16-17 예수께서 세례를 받고 물에서 올라오시는 순간, 하늘이 열리고 하나님의 영이 비둘기같이 내려와 그분 위에 머무는 것을 보셨다. 성령과 더불어 한 음성이 들려왔다. "이는 내가 사랑으로 선택하고 구별한 내 아들, 내 삶의 기쁨이다."

시험을 받으시다

4 1-3 그 후에 예수께서 성령께 이끌려 광야로 가셔서 시험을 받으셨다. 그곳에는 마귀가 대기하고 있었다. 예수께서는 밤낮으로 사십 일 동안 금식하며 시험에 대비하셨다. 그러다 보니 허기가 극에 달했고, 마귀는 첫 번째 시험에 그 점을 이용했다. "너는 하나님의 아들이니, 이 돌들한테 말해서 빵 덩이가 되게 해보아라."

4 예수께서 신명기를 인용해 답하셨다. "사람이 빵으로만 사는 것이 아니다. 하나님의 입에서 나오는 끊임없는 말씀이 있어야 한다."

5-6 두 번째 시험으로, 마귀는 예수를 거룩한 도성으로 데려가 성전 꼭대기에 앉혀 놓고 말했다. "너는 하나님의 아들이니, 뛰어내려 보아라." 마귀는 시편 91편을 인용해 예수를 몰아세웠다. "그분께서 천사들을 시켜 너를 보호하게 하셨다. 천사들이 너를 받아서 발가락 하나 돌에 채이지 않게 할 것이다."

7 예수께서 신명기의 다른 구절을 인용해 응수하셨다. "주

너의 하나님을 시험하지 마라."

8-9 세 번째 시험으로, 마귀는 예수를 거대한 산 정상으로 데려갔다. 마귀는 선심이라도 쓰듯, 지상의 모든 나라와 대단한 영광을 두루 가리켜 보였다. 그러고는 말했다. "전부 네 것이다. 무릎 꿇고 내게 경배하기만 하면 다 네 것이다."

10 예수께서 딱 잘라 거절하셨다. "사탄아, 물러가라!" 그리고 세 번째로 신명기를 인용해 쐐기를 박으셨다. "주 너의 하나님, 오직 그분만을 경배하여라. 일편단심으로 그분을 섬겨라."

11 시험은 끝나고 마귀는 떠났다. 대신에 천사들이 와서 예수의 시중을 들었다.

사람들을 가르치고 고치시다

12-17 예수께서 요한이 체포되었다는 말을 들으시고, 갈릴리로 돌아가셨다. 예수께서는 고향 나사렛을 떠나, 스불론과 납달리 기슭에 자리한 호숫가 마을 가버나움으로 가셨다. 이로써 이사야의 설교가 성취되었다.

스불론과 납달리 땅,
요단 강 건너편 바다로 가는 길,
이방 사람들의 중심지인 갈릴리,
평생 어둠 속에 앉아 있던 백성이
큰 빛을 보았고,

   칠흑같이 어두운, 죽음의 땅에 앉았던 그들이
   해 돋는 것을 보았다.

이사야의 이 예언 설교는, 예수께서 말씀을 전하기 시작하신
순간에 갈릴리에서 성취되었다. 그분은 요한의 마지막 말을
이어받으셨다. "너희 삶을 고쳐라. 하나님 나라가 여기 있다."
18-20 예수께서 갈릴리 호숫가를 걸어가시다가 두 형제, 곧
(나중에 베드로가 된) 시몬과 안드레를 보셨다. 그들은 호수
에 그물을 던져 고기를 잡고 있었다. 고기잡이는 그들의 평
소 직업이었다. 예수께서 그들에게 말씀하셨다. "나와 함께
가자. 내가 너희를 새로운 어부가 되게 하겠다. 잉어와 가물
치 대신에 사람을 낚는 법을 가르쳐 주겠다." 그들은 아무것
도 묻지 않고, 그대로 그물을 놓아두고 그분을 따라갔다.
21-22 호숫가를 좀 더 가다가 그들은 다른 두 형제, 곧 세베대
의 아들 야고보와 요한을 만났다. 두 형제는 아버지 세베대
와 함께 배에 앉아서 그물을 손질하고 있었다. 예수께서는
그들에게도 똑같이 제안하셨고, 그들 역시 배와 자기 아버
지를 버려두고 곧바로 그분을 따라갔다.
23-25 예수께서 거기서부터 온 갈릴리를 두루 다니셨다. 예
수께서는 회당을 집회 장소로 삼아 사람들에게 하나님의 진
리를 가르치셨다. 하나님 나라가 그분의 주제였다. 바로 지
금, 그들이 하나님의 선하신 통치 아래 있다는 것이었다! 또
한 예수께서는 질병과 잘못된 생활로 고통받는 사람들을 고

쳐 주셨다. 로마의 지배를 받던 시리아 전 지역에 소문이 퍼졌다. 사람들은 정신 질환, 정서 질환, 신체 질환 할 것 없이 아픈 사람이면 누구나 데려왔다. 예수께서는 그들 한 사람 한 사람을 고쳐 주셨다. 점점 더 많은 사람들이 모여들었고, 그 행렬은 끝이 없었다. 갈릴리에서 온 사람들 외에도 호수 건너편 '데가볼리'(열 성읍)에서 사람들이 무리 지어 왔다. 예루살렘과 유대에서 온 사람들도 있었고, 요단 강 건너편에서 온 사람들도 있었다.

너희는 복이 있다

5 ¹⁻² 예수께서 자신의 사역으로 인해 큰 무리가 몰려드는 것을 보시고, 산에 올라가셨다. 예수께 배우고, 그분께 인생을 건 사람들도 함께 올라갔다. 조용한 곳에 이르자, 예수께서 자리에 앉으셔서 산행에 함께한 사람들을 가르치셨다. 예수께서 하신 말씀은 이렇다.

³ "벼랑 끝에 서 있는 너희는 복이 있다. 너희가 작아질수록 하나님과 그분의 다스림은 커진다.

⁴ 가장 소중한 것을 잃었다고 느끼는 너희는 복이 있다. 그때에야 너희는 가장 소중한 분의 품에 안길 수 있다.

⁵ 더도 말고 덜도 말고 자신의 모습 그대로 만족하는 너희는 복이 있다. 그때 너희는 돈으로 살 수 없는 모든 것의 당당한 주인이 된다.

⁶ 하나님께 입맛이 당기는 너희는 복이 있다. 그분은 너희

평생에 맛볼 최고의 음식이요 음료다.

7 남을 돌보는 너희는 복이 있다. 그렇게 정성 들여 돌보는 순간에 너희도 돌봄을 받는다.

8 내면세계, 곧 마음과 생각이 올바른 너희는 복이 있다. 그 때에야 너희는 바깥세상에서 하나님을 볼 수 있다.

9 경쟁하거나 다투는 대신에 협력하는 모습을 보여주는 너희는 복이 있다. 그때 너희는 진정 자신이 누구이며, 하나님의 집에서 자신의 자리가 어디인지 알게 된다.

10 하나님께 헌신했기 때문에 박해를 받는 너희는 복이 있다. 그 박해로 인해 너희는 하나님 나라에 더 깊이 들어가게 된다.

11-12 그뿐 아니다. 사람들이 내 평판을 떨어뜨리려고 너희를 깔보거나 내쫓거나 너희에 대해 거짓을 말할 때마다, 너희는 복을 받은 줄로 알아라. 그들이 그렇게 하는 이유는, 진리가 너무 가까이 있어서 그들이 불편을 느끼기 때문이다. 그런 일이 일어날 때 너희는 기뻐해도 좋다. 아예 만세를 불러도 좋다! 그들은 싫어하겠지만, 나는 좋아하니 말이다! 온 천국이 박수를 보낼 것이다. 또한 너희만 그런 일을 당하는 것이 아님을 알아라. 내 예언자와 증인들은 언제나 그런 고생을 했다."

소금과 빛

13 "너희가 여기 있는 이유를 말해 주겠다. 너희는 소금을 쳐

서 이 땅에 하나님 맛을 드러내라고 여기 있는 것이다. 너희
가 짠맛을 잃으면, 사람들이 어떻게 경건의 맛을 알겠느냐?
너희가 쓸모없어지면 결국 쓰레기통에 버려질 것이다.

14-16 이렇게 말할 수도 있다. 너희는 빛이 되어 세상에 하나
님의 빛깔을 드러내라고 여기 있는 것이다. 하나님은 감추
어 둘 비밀이 아니다. 우리는 이 비밀을 훤히 드러낼 것이
다. 산 위에 있는 도시만큼 훤히 드러낼 것이다. 내가 너희
에게 등불을 들고 있게 한다면, 설마 너희는 내가 너희를 통
속에 숨겨 두리라고는 생각하지 않을 것이다. 나는 너희를
단 위에 둘 것이다. 내가 너희를 언덕 위에, 등불 놓는 단 위
에 두었으니 빛을 비추어라! 너희에게 오는 손님을 기쁘게
맞아들여라. 후하게 베풀며 살아라. 너희가 다른 사람들에
게 마음을 열면, 그들도 너희에게 자극을 받아 하나님께, 하
늘에 계신 자비로우신 아버지께 마음을 열게 될 것이다."

하나님 율법의 완성

17-18 "내가 하나님의 율법이든 예언자든, 성경을 폐지하러
왔다고 생각하지 마라. 내가 온 것은 폐지하려는 것이 아니
라 오히려 완성하려는 것이다. 나는 그 모든 것을 거대한 하
나의 파노라마 속에 아우를 것이다. 하나님의 율법은 하늘
의 별과 너희가 발을 딛고 있는 땅보다 더 현실적이며 영속
적이다. 별들이 다 불타 버리고 땅이 닳아 없어진 뒤에도,
하나님의 율법은 살아서 역사할 것이다.

¹⁹⁻²⁰ 하나님의 율법에서 가장 작은 항목이라도 하찮게 여긴다면, 너희 스스로를 하찮게 여기는 꼴밖에 되지 않는다. 그러나 그 율법을 진지하게 대하고 다른 사람들에게 그 길을 보여주면, 너희는 천국에서 영광을 얻을 것이다. 옳게 사는 문제에서 너희가 바리새인들보다 훨씬 낫지 않으면, 천국에 들어갈 생각은 아예 하지 말아야 한다."

말이 사람을 죽인다

²¹⁻²² "너희는 옛 사람들에게 주어진 '살인하지 말라'는 계명을 잘 알고 있다. 내가 너희에게 말한다. 누구든지 형제나 자매에게 화만 내도 살인을 범한 것이다. 무심코 형제를 '바보!'라고 부르면 너희는 법정으로 끌려갈 수 있다. 생각 없이 자매에게 '멍청이!'라고 소리치면 지옥불이 너희 코앞에 있다. 가장 단순한 진실은, 말이 사람을 죽인다는 것이다.

²³⁻²⁴ 이런 문제에서 나는 너희가 이렇게 행동하기를 바란다. 네가 예배당에 들어가서 헌금을 드리려는데 갑자기 어떤 친구가 너에게 원한을 품고 있는 것이 생각나거든, 헌금을 내려놓고 즉시 나가 그 친구에게 가서 화해하여라. 반드시 그렇게 하고 난 뒤에, 돌아와 하나님과의 일을 마무리하여라.

²⁵⁻²⁶ 또는 네가 길거리에 있는데 옛 원수가 다가와 말을 건다고 하자. 한시도 지체하지 말고, 네가 먼저 나서서 그 사람과 화해하여라. 그의 이력을 보건대, 그 사람이 선수를 치게 두면 너는 결국 법정에 서게 될 것이고 어쩌면 감옥에 갈

지도 모른다. 그렇게 되면, 너는 엄청난 벌금을 물지 않고는 거기서 나오지 못할 것이다."

간음과 이혼

²⁷⁻²⁸ "너희는 '남의 배우자와 동침하지 말라'는 계명도 아주 잘 알고 있다. 그러나 단순히 동침하지 않는다고 해서 너희의 덕을 지켰다고 생각하지 마라. 너희 마음은 너희 몸보다 훨씬 빨리 정욕으로 더럽혀질 수 있다. 아무도 모를 것 같은 곁눈질도 너희를 더럽힌다.

²⁹⁻³⁰ 이 일이 실제로 쉬울 것이라고 생각하지 마라. 네가 도덕적으로 순결한 삶을 살고 싶다면, 너는 이렇게 해야 한다. 네 오른쪽 눈이 음흉하게 곁눈질하는 것을 알아차리는 순간에, 너는 그 눈을 멀게 해야 한다. 한 눈으로 살 것인지 아니면 도덕적 쓰레기 더미에 내던져질 것인지 너는 정해야 한다. 또 남을 해치려고 네 오른손을 드는 순간에, 너는 그 손을 잘라 버려야 한다. 네 존재 전체가 영원히 쓰레기 더미에 버려지느니 차라리 피 묻은 몸뚱이로 사는 것이 낫다.

³¹⁻³² 성경에 '누구든지 아내와 이혼하는 자는 아내에게 이혼 증서와 법적 권리를 주고 합법적으로 하라'고 한 말을 기억하느냐? 너희 중에는 이 규정을 자신의 이기심과 변덕스러운 마음을 포장하는 구실로 이용하거나, 합법적이라는 이유만으로 옳은 척하는 사람이 너무 많다. 제발 가식은 그만두어라. 아내와 이혼하면, 너희는 아내를 간음하게 만든 책임

이 있다(아내가 문란한 성생활로 이미 그렇게 되지 않은 이상 말이다). 또 그렇게 이혼한 여인과 결혼하면, 너희도 자동으로 간음하는 자가 된다. 법을 구실 삼아 도덕적 타락을 미화할 수 없다."

마음에 없는 말을 하지 마라

33-37 "그리고 마음에 없는 말은 아예 하지 마라. 이 권고는 우리 전통에 깊숙이 박혀 있다. '기도해 주겠다'고 말하고는 기도하지 않거나, 마음에도 없으면서 '하나님이 함께하시기를 빈다'고 하며 경건한 말로 연막을 치면, 상황이 더 악화될 뿐이다. 종교적 장식을 멋지게 단다고 해서 너희 말이 진실해지는 것은 아니다. 너희 말을 거룩하게 할수록 그 말의 진실성은 떨어진다. 그러면 '그렇다', 아니면 '아니다'라고만 하여라. 자기 뜻을 관철하려고 말을 조작하다가는 잘못된 길로 빠진다."

원수를 사랑하여라

38-42 "다시 생각해 봐야 할 옛말이 또 있다. '눈에는 눈, 이에는 이'라는 말이다. 그렇게 해서 문제가 해결되겠느냐? 내가 하고 싶은 말은 이것이다. 절대로 되받아치지 마라. 누가 너를 치거든, 그 자리에 서서 맞아라. 누가 너를 법정으로 끌고 가서 네 셔츠를 달라고 소송하거든, 네 가장 좋은 외투까지 잘 포장해 선물로 주어라. 그리고 누가 너를 억울하게

이용하거든, 종의 삶을 연습하는 기회로 삼아라. 똑같이 갚아 주는 것은 이제 그만하여라. 너그럽게 살아라.

⁴³⁻⁴⁷ 너희는 옛 율법에 기록된 '친구를 사랑하라'는 말과, 기록에는 없지만 '원수를 미워하라'는 말을 잘 알고 있다. 나는 거기에 이의를 제기한다. 나는 너희에게 원수를 사랑하라고 말하겠다. 원수가 어떻게 하든지, 너희는 최선의 모습을 보여라. 누가 너희를 힘들게 하거든, 그 사람을 위해 기도하여라. 그러면 너희는 너희의 참된 자아, 하나님이 만드신 자아를 찾게 될 것이다. 하나님도 그렇게 하신다. 그분은 착한 사람이든 악한 사람이든 친절한 사람이든 비열한 사람이든 상관없이, 모두에게 가장 좋은 것, 해의 온기와 비의 양분을 주신다. 너희가 사랑할 만한 사람만 사랑하는 것이 고작이라면 상급을 바랄 수 있겠느냐? 그것은 누구나 하는 일이다. 너희가 만일 너희에게 인사하는 사람에게만 겨우 인사한다면, 상급을 바랄 수 있겠느냐? 그것은 죄인도 흔히 하는 일이다.

⁴⁸ 한마디로 내 말은, 성숙한 사람이 되라는 것이다. 너희는 천국 백성이다. 그러니 천국 백성답게 살아라. 하나님이 주신 너희 신분에 합당하게 살아라. 하나님께서 너희에게 하시는 것처럼, 너희도 다른 사람들을 대할 때 너그럽고 인자하게 살아라."

소리내지 말고 은밀히 도와주어라

6

¹ 너희가 선한 일을 하려고 할 때에 그것이 연극이 되지 않도록 특히 조심하여라. 그것이 멋진 연극이 될 수 있을지는 몰라도, 너희를 지으신 하나님은 박수를 보내지 않으실 것이다.

2-4 남을 위해 무슨 일을 할 때에는 너희 자신이 주목받지 않도록 하여라. 분명 너희도 내가 '연극배우'라고 부르는 이들의 행동을 보았을 것이다. 그들은 기도하며 큰 길을 무대로 알고는, 누군가 자기를 보고 있으면 긍휼을 베풀고 사람들 앞에서 연극을 한다. 물론 그들은 박수를 받지만, 그것이 전부다. 너희는 남을 도울 때에 자신이 어떻게 보일지 생각하지 마라. 그냥 소리내지 말고 은밀히 도와주어라. 사랑으로 너희를 잉태하신 너희 하나님도 무대 뒤에서 일하시고, 너희를 은밀히 도와주신다."

단순하게 기도하여라

⁵ "또 너희가 하나님 앞에 나아갈 때도 연극을 하지 마라. 그렇게 하는 사람들은 다 스타가 되기를 꿈꾸며 기도할 때마다 쇼를 일삼는다! 하나님께서 극장 객석에 앉아 계시다는 말이냐? ⁶ 너희는 이렇게 하여라. 하나님 앞에서 연극하고 싶은 유혹이 들지 않도록, 조용하고 한적한 곳을 찾아라. 할 수 있는 한 단순하고 솔직하게 그 자리에 있어라. 그러면 초점이 너희에게서 하나님께로 옮겨지고, 그분의 은혜가 느껴지기 시

작할 것이다.

7-13 세상에는 이른바 기도의 용사들이 가득하나, 그들은 기도를 모른다. 그들은 공식과 프로그램과 비결을 잔뜩 가지고서, 너희가 바라는 것을 하나님에게서 얻어 내는 방법들을 퍼뜨리고 있다. 그 허튼소리에 속지 마라. 너희가 상대하는 분은 너희 아버지이시며, 그분은 너희에게 무엇이 필요한지 너희보다 더 잘 아신다. 이토록 너희를 사랑하시는 하나님 앞에서, 그저 단순하게 기도하면 된다. 너희는 이렇게 기도하여라.

하늘에 계신 우리 아버지,
아버지가 어떤 분이신지 드러내소서.
세상을 바로잡아 주시고
하늘에서처럼 땅에서도
가장 선한 것을 행하소서.
든든한 세 끼 식사로 우리가 살아가게 하소서.
아버지께 용서받은 우리가 다른 사람들을 용서하게 하소서.
우리를 우리 자신에게서와, 마귀에게서 안전하게 지켜 주소서.
아버지께는 그럴 권한이 있습니다!
원하시면 무엇이든 하실 수 있습니다!
영광으로 빛나시는 아버지!
예, 정말 그렇습니다.

14-15 기도에는 하나님이 하시는 일과 너희가 하는 일이 연결되어 있다. 예를 들어, 너희가 다른 사람들을 용서하지 않고는 하나님의 용서를 받을 수 없다. 너희가 자기 몫을 다하지 않으면, 하나님께서 너희에게 주실 몫을 너희 스스로 차단하는 셈이 된다.

16-18 하나님께 더 집중하려고 식욕을 절제하는 훈련을 할 때에는 요란하게 하지 마라. 그렇게 하면 조금은 유명해질지 모르나, 거룩한 사람으로 변화될 수는 없다. 너희가 내면의 훈련에 들어가려거든, 겉으로는 평소처럼 행동하여라. 머리를 감아 단정하게 빗고, 양치질을 하고, 세수를 하여라. 관심을 끌려는 수법은 하나님께는 필요 없다. 그분은 너희가 하고 있는 일을 그냥 지나치지 않으시고, 두둑이 보상해 주신다."

하나님께만 예배하는 삶

19-21 "보물을 여기 땅에 쌓아 두지 마라. 여기에 두면 좀먹고 녹슬고, 심한 경우에는 도둑까지 맞는다. 보물은 하늘에 차곡차곡 쌓아 두어라. 거기는 좀이나 녹, 도둑도 없는 안전한 곳이다. 너희는 너희 보물이 있는 곳에 가장 있고 싶어 할텐데, 결국 그렇게 될 것이다. 그것이 당연하지 않겠느냐?

22-23 너희 눈은 너희 몸의 창문이다. 네가 경이와 믿음으로 눈을 크게 뜨면, 네 몸은 빛으로 가득해진다. 네가 탐욕과 불신으로 곁눈질하고 살면, 네 몸은 음습한 지하실이 된다. 네 창에 블라인드를 치면, 네 삶은 얼마나 어두워지겠느냐!

²⁴ 너희는 한꺼번에 두 신(神)을 예배할 수 없다. 결국 한 신은 사랑하고 다른 신은 미워하게 될 것이다. 한 쪽을 사모하면 다른 쪽은 업신여기게 마련이다. 너희는 하나님과 돈을 둘 다 예배할 수 없다.

²⁵⁻²⁶ 너희가 하나님께만 예배하는 삶을 살기로 결심하면, 식사 때 식탁에 무엇이 오르고 옷장에 있는 옷들이 유행에 맞는지 따위로 안달하며 설치지 않게 된다. 너희 삶은 뱃속에 넣는 음식이 전부가 아니며, 너희의 겉모습도 몸에 걸치는 옷이 전부가 아니다. 새들을 보아라. 얽매일 것 없이 자유롭고, 업무에 속박되지 않으며, 하나님이 돌보시니 염려가 없다. 그분께 너희는 새들보다 훨씬 더 중요하다.

²⁷⁻²⁹ 거울 앞에서 설친다고 해서 키가 단 1센티미터라도 커진 사람이 있더냐? 유행을 따르느라 버린 돈과 시간이 그토록 많지만, 그렇다고 크게 달라지는 것 같더냐? 옷을 볼 것이 아니라 들판에 나가 들꽃을 보아라. 들꽃은 절대로 치장하거나 옷을 사들이는 법이 없지만, 너희는 여태 그런 색깔이나 디자인을 본 적이 있느냐? 이 나라의 남녀 베스트드레서 열 명이라도 그 옆에 서면 초라해 보인다.

³⁰⁻³³ 아무도 보아 주지 않는 들꽃의 겉모습에도 그토록 정성을 들이시는데, 하물며 하나님께서 너희를 돌보시고 자랑스러워하시며, 너희를 위해 최선을 다하시지 않겠느냐? 나는 지금 너희로 여유를 갖게 하려는 것이며, 손에 넣는 데 온통 정신을 빼앗기지 않게 해서, 베푸시는 하나님께 반응하도록

하려는 것이다. 하나님과 그분의 일하시는 방식을 모르는 사람은 그런 일로 안달하지만, 너희는 하나님을 알고 그분의 일하시는 방식도 안다. 너희는 하나님이 실체가 되시고, 하나님이 주도하시며, 하나님이 공급하시는 삶에 흠뻑 젖어 살아라. 뭔가 놓칠까 봐 걱정하지 마라. 너희 매일의 삶에 필요한 것은 모두 채워 주실 것이다.

³⁴ 하나님께서 바로 지금 하고 계신 일에 온전히 집중하여라. 내일 있을지 없을지도 모르는 일로 동요하지 마라. 어떠한 어려운 일이 닥쳐도 막상 그때가 되면 하나님께서 감당할 힘을 주실 것이다."

간단한 행동 지침

7 ¹⁻⁵ "사람들의 흠을 들추어내거나, 실패를 꼬집거나, 잘못을 비난하지 마라. 너희도 똑같은 대우를 받고 싶지 않거든 말이다. 비판하는 마음은 부메랑이 되어 너희에게 되돌아올 것이다. 네 이웃의 얼굴에 묻은 얼룩은 보면서, 자칫 네 얼굴의 추한 비웃음은 그냥 지나치기 쉽다. 네 얼굴이 멸시로 일그러져 있는데, 어떻게 뻔뻔스럽게 '내가 네 얼굴을 씻어 주겠다'고 말하겠느냐? 이 또한 동네방네에 쇼를 하겠다는 사고방식이며, 자기 역할에 충실하기보다는 남보다 거룩한 척 연기를 하는 것이다. 네 얼굴의 추한 비웃음부터 닦아 내라. 그러면 네 이웃에게 수건을 건네줄 만한 사람이 될지도 모른다.

⁶ 거룩한 것으로 장난치지 마라. 농담과 바보짓은 하나님께 영광이 되지 않는다. 거룩한 신비를 한갓 슬로건으로 격하시키지 마라. 시대를 따라가려다가, 너희는 오히려 약아져서 불경스러운 사태를 부를 뿐이다.

⁷⁻¹¹ 하나님과 흥정하지 마라. 솔직하게 말씀드려라. 필요한 것을 구하여라. 우리는 쫓고 쫓기는 게임이나 숨바꼭질을 하고 있는 것이 아니다. 너희 아이가 빵을 달라고 하는데, 톱밥을 주면서 아이를 속이겠느냐? 아이가 생선을 달라고 하는데, 살아 있는 뱀을 접시에 담아 아이에게 겁을 주겠느냐? 너희가 아무리 악해도 그런 생각은 하지 않을 것이다. 너희도 자기 자식에게는 최소한의 예의를 지킨다. 그렇다면, 너희를 사랑으로 잉태하신 하나님은 그보다 훨씬 낫지 않으시겠느냐?

¹² 여기, 간단하지만 유용한 행동 지침이 있다. 사람들이 너희에게 무엇을 해주면 좋겠는지 자문해 보아라. 그리고 너희가 먼저 그들에게 그것을 해주어라. 하나님의 율법과 예언자들의 설교를 다 합한 결론이 이것이다."

아버지의 뜻대로 행하여라

¹³⁻¹⁴ "하나님께 이르는 지름길을 찾지 마라. 세상에는 여가 시간을 활용하는 것만으로도 성공하는 인생에 이를 수 있다고 말하는, 쉽고도 확실한 공식들이 넘쳐난다. 대다수 사람들이 그런 말에 속겠지만, 너희는 속지 마라. 생명, 곧 하나님께 이

르는 길은 정신을 바짝 차려야 갈 수 있는 힘든 길이다.

15-20 억지로 진실한 표정을 지으며 헤프게 웃어 대는 거짓 설교자들을 조심하여라. 그들은 이래저래 너희를 벗겨 먹으려는 수가 많다. 카리스마에 감동할 것이 아니라 성품을 보아라. 중요한 것은, 설교자들의 말이 아니라 그들의 됨됨이다. 참된 지도자는 절대로 너희 감정이나 지갑을 착취하지 않는다. 썩은 사과가 열린 병든 나무는 찍혀서 불살라질 것이다.

21-23 암호를 정확히 안다고 해서, 예컨대 '주님, 주님' 한다고 해서 너희가 나 있는 곳 어디든지 올 수 있는 것은 아니다. 정말 필요한 것은, 진지한 순종이다. 내 아버지의 뜻대로 행하는 것이다. 벌써부터 내 눈에 훤히 보인다. 최후 심판날에 많은 사람들이 거들먹거리며 내게 와서 이렇게 말할 것이다. '주님, 우리는 **메시지를** 전했고, 귀신을 혼내 줬으며, 하나님이 후원해 주신 우리 사업은 모든 사람들의 입에 오르내렸습니다.' 그때 내가 뭐라고 말할지 아느냐? '이미 때는 늦었다. 너희가 한 일이라고는 나를 이용해 유력자가 된 것뿐이다. 너희에게는 나를 감동시키는 구석이 하나도 없다. 여기서 나가거라.'

24-25 내가 너희에게 하는 이 말은, 너희 삶에 덧붙이는 장식이나 너희 생활수준을 높여 주는 리모델링 같은 것이 아니다. 내 말은 주춧돌과도 같아서, 너희는 내 말 위에 인생을 지어야 한다. 너희가 내 말을 너희 삶으로 실천하면, 너희는 든든한 바위 위에 집을 지은 현명한 목수와 같다. 비가 퍼붓

고 강물이 넘치고 돌풍이 쳐도, 그 집은 끄떡없다. 바위 위
에 꼿꼿이 서 있다.

²⁶⁻²⁷ 그러나 너희가 내 말을 성경공부 때만 사용하고 삶으로
실천하지 않으면, 너희는 모래사장에 집을 지은 미련한 목
수와 같다. 폭풍이 몰아치고 파도가 거세지자, 그 집은 맥없
이 무너지고 말았다."

²⁸⁻²⁹ 예수께서 말씀을 마치시자, 무리에게서 박수가 터져 나
왔다. 그들은 한 번도 이런 가르침을 들어 본 적이 없었다.
예수께서 자기가 말한 그대로 살고 있음이 분명했는데, 이
는 그들의 종교 교사들과는 아주 대조적이었다! 이것이야
말로 그들이 여태까지 들어 본 것 중 최고의 가르침이었다.

그가 우리의 질병을 짊어지셨다

8 ¹⁻² 무리의 환호소리가 아직도 귀에 쟁쟁한데, 예수
께서 산에서 내려오셨다. 그때 한 나병환자가 다가
와 예수 앞에 무릎을 꿇고 간청했다. "주님, 원하시면 제 몸
을 고쳐 주실 수 있습니다."

³⁻⁴ 예수께서 손을 내밀어 그에게 대며 말씀하셨다. "내가 원
한다. 깨끗하게 되어라." 그러자 그 즉시 나병의 모든 증상이
깨끗이 사라졌다. 예수께서 말씀하셨다. "온 동네에 말하고
다니지 마라. 하나님께 합당한 감사의 표시를 가지고 제사장
에게 가서 네 나은 몸을 조용히 보여라. 네 말이 아니라, 깨
끗해져서 감사하는 네 삶이 내가 한 일을 증거할 것이다."

5-6 예수께서 가버나움 마을에 들어가시자, 로마군 지휘관 하나가 당황한 표정으로 다가와 말했다. "주님, 저의 종이 병들었습니다. 걷지도 못하고 고통이 심합니다."

7 예수께서 말씀하셨다. "내가 가서 고쳐 주겠다."

8-9 그러자 지휘관은 이렇게 말했다. "아닙니다. 그렇게 수 고하실 것 없습니다. 그저 명령만 내리시면 저의 종이 낫 겠습니다. 저도 명령을 받기도 하고 내리기도 하는 사람입 니다. 제가 한 병사에게 '가라'고 하면 가고, 다른 병사에게 '오라'고 하면 옵니다. 그리고 저의 종에게 '이것을 하라'고 하면 합니다."

10-12 예수께서 크게 놀라시며 말씀하셨다. "하나님을 알고 그분이 일하시는 방식을 훤히 알아야 마땅한 이스라엘 백성 중에서도, 이렇게 단순한 믿음은 아직 보지 못했다. 이 사람 은 머잖아 사방에서 모여들 많은 이방인들의 선봉이다. 그 들은 동쪽에서 흘러들고 서쪽에서 쏟아져 들어와 아브라함, 이삭, 야곱과 함께 하나님 나라의 잔칫상에 앉을 것이다. 믿 음 안에서 자랐으나 믿음이 없는 사람들은 무시당하고 은 혜에서 소외된 자들이 되어, 이게 어찌 된 일인지 의아해 할 것이다."

13 예수께서 지휘관을 보시며 말씀하셨다. "가거라. 네가 믿 은 그대로 되었다." 그 순간에 그의 종이 나았다.

14-15 일행은 베드로의 집 앞에 와 있었다. 예수께서 그 집에 들어가시니, 베드로의 장모가 몸져누웠는데 열이 불덩이 같

았다. 예수께서 그녀의 손을 만지자 열이 떨어졌다. 그녀는 곧 기운을 차리고 일어나 그분을 위해 저녁을 준비했다.

16-17 그날 저녁, 사람들이 귀신 들려 괴로워하는 많은 사람들을 예수께 데려왔다. 예수께서는 마음에 고통당하는 사람들을 구해 주셨고, 몸이 아픈 사람들을 고쳐 주셨다. 예수께서 이사야의 유명한 설교를 성취하신 것이다.

   그가 우리의 아픔을 당하셨고
   우리의 질병을 짊어지셨다.

네 본분은 삶이지 죽음이 아니다

18-19 예수께서 호기심에 찬 무리가 점점 늘어나는 것을 보시고, 제자들에게 그곳을 벗어나 호수 건너편으로 가자고 말씀하셨다. 그들이 떠나려는데, 한 종교 학자가 자기도 함께 가도 되는지 물었다. 그는 "어디든지 주님과 함께 가겠습니다" 하고 말했다.

20 예수께서 잘라 말씀하셨다. "고생할 각오가 되어 있느냐? 너도 알다시피, 우리가 묵는 곳은 일류 호텔이 아니다."

21 예수를 따르던 또 다른 사람이 말했다. "주님, 부디 며칠 말미를 주십시오. 아버지 장례를 치러야 합니다."

22 예수께서 거절하셨다. "중요한 일이 먼저다. 네 본분은 삶이지 죽음이 아니다. 나를 따라오너라. 생명을 좇아라."

❊

23-25 그러고 나서 예수께서 배에 오르셨고, 제자들도 그분과 함께 있었다. 그러던 중에 풍랑이 무섭게 몰아쳤다. 파도가 배 안으로 들이치는데, 예수께서는 곤히 주무시고 계셨다! 제자들이 다급하게 그분을 깨웠다. "주님, 우리를 구해 주십시오! 이러다가 빠져 죽겠습니다!"

26 예수께서 그들을 꾸짖으셨다. "어째서 너희는 이토록 용기 없는 겁쟁이란 말이냐?" 그러더니 일어나셔서 바람에게 잠잠하라, 바다에게 잔잔하라 명령하셨다. "잠잠하여라!" 바다는 고요한 호수처럼 되었다.

27 제자들은 깜짝 놀라서 눈을 비볐다. "이게 어찌 된 일인가? 바람과 바다가 그분의 명령에 복종하다니!"

귀신 들린 두 사람

28-31 가다라 지방에 내린 일행은 미친 사람 둘과 마주쳤다. 그들은 묘지에서 나왔는데, 두 사람 모두 귀신의 피해자였다. 그들이 너무 오랫동안 그 지역을 공포에 몰아넣었던 터라, 그 길로 다니는 것을 모두가 위험하게 생각했다. 그들이 예수를 보더니 소리질렀다. "무슨 일로 우리를 힘들게 합니까? 당신은 하나님의 아들입니다! 당신은 아직 여기에 올 때가 아닙니다!" 저만치 멀리서 돼지 떼가 땅을 파헤치며 먹을 것을 찾고 있었다. 악한 귀신들이 예수께 애걸했다.

"우리를 이 사람들한테서 내쫓으시려거든, 돼지들 속에 들어가 살게 해주십시오!"

³²⁻³⁴ 예수께서 말씀하셨다. "좋다. 여기서 나가거라!" 그러자 돼지들이 미쳐서, 우르르 벼랑으로 몰려가더니 바다에 빠져 죽었다. 돼지를 치던 사람들이 혼비백산하여 달아났다. 그들은 미친 사람들과 돼지 떼에게 벌어진 일을 마을 사람 모두에게 말했다. 그 이야기를 들은 사람들은 돼지 떼가 익사한 것에 화가 났다. 그들은 무리 지어 와서는, 예수께 그곳을 떠나 다시는 오지 말라고 당부했다.

의사가 필요한 사람이 누구냐

9

¹⁻³ 예수와 제자들은 다시 배를 타고 바다를 건너 예수의 고향으로 갔다. 그들이 배에서 내리기가 무섭게, 사람들이 중풍병자 한 사람을 들것에 실어 데려와서 그들 앞에 내려놓았다. 그들의 담대한 믿음에 감동하신 예수께서 중풍병자에게 말씀하셨다. "기운을 내어라, 아들아. 내가 네 죄를 용서한다." 그러자 몇몇 종교 학자들이 수군거렸다. "아니, 저것은 신성모독이다!"

⁴⁻⁸ 예수께서 그들의 생각을 아시고 말씀하셨다. "왜 이리 수군수군 말이 많으냐? '내가 네 죄를 용서한다'고 말하는 것과 '일어나 걸어가라'고 말하는 것 중에 어느 쪽이 더 쉽겠느냐? 내가 인자인 것과, 내가 어느 쪽이든 행할 권한이 있다는 것을 분명히 보여주겠다." 이 말을 하시고 예수께서 중풍

병자에게 말씀하셨다. "일어나거라. 네 자리를 들고 집으로 가거라." 그 사람은 그대로 했다. 무리는 두려움에 사로잡혔고, 하나님이 예수께 권한을 주셔서 자기들 가운데서 그렇게 일하신 것을 기뻐했다.

⁹ 예수께서 지나시던 길에, 한 사람이 세금을 걷는 일에 여념이 없는 것을 보셨다. 그의 이름은 마태였다. 예수께서 말씀하셨다. "나와 함께 가자." 마태는 일어나 그분을 따라갔다.

10-11 나중에 예수께서 자신을 가까이 따르는 이들과 함께 마태의 집에서 저녁을 드실 때에, 평판이 좋지 않은 인물들이 많이 와서 한데 어울렸다. 예수께서 그런 사람들과 어울리는 것을 본 바리새인들은 발끈하여 예수를 따르는 이들을 비난했다. "사기꾼과 쓰레기 같은 인간들과 가까이 지내다니, 당신네 선생의 이런 행동이 무슨 본이 되겠소?"

12-13 예수께서 들으시고 반박하셨다. "의사가 필요한 사람이 누구냐? 건강한 사람이냐, 병든 사람이냐? 가서 '내가 원하는 것은 자비이지 종교 행위가 아니다'라는 성경 말씀이 무슨 뜻인지 헤아려 보아라. 내가 여기 있는 것은 소외된 사람들을 초청하려는 것이지, 영향력 있는 사람들의 비위나 맞추려는 것이 아니다."

하나님 나라가 임했다

14 얼마 후에 요한을 따르는 이들이 와서 물었다. "우리와 바리새인들은 금식으로 몸과 영혼을 엄격히 훈련하는데, 선생

님을 따르는 이들은 왜 그렇게 하지 않습니까?"

¹⁵ 예수께서 그들에게 말씀하셨다. "즐거운 결혼식 중에는
빵과 포도주를 아끼지 않고 실컷 먹는다. 나중에 허리띠를
졸라맬 일이 있을지 모르지만, 지금은 아니다. 정겨운 축하
의 모닥불에 찬물을 끼얹는 사람은 없다. 하나님 나라가 임
한다는 것은 바로 이런 것이다!"

¹⁶⁻¹⁷ 예수께서 계속해서 말씀하셨다. "멀쩡한 스카프를 잘
라서 낡은 작업복에 대고 깁는 사람은 없다. 서로 어울리는
천을 찾게 마련이다. 그리고 금이 간 병에는 포도주를 담지
않는 법이다."

손가락 하나만 대어도

¹⁸⁻¹⁹ 예수께서 이 말씀을 마치시자, 한 지방 관리가 나와서
정중히 절하며 말했다. "제 딸이 방금 죽었습니다. 오셔서
손을 대 주시면 그 아이가 살겠습니다." 예수께서 일어나 그
와 함께 가시자, 제자들이 뒤를 따랐다.

²⁰⁻²² 바로 그때에, 십이 년 동안 혈루증을 앓아 온 한 여자가
뒤에서 슬그머니 다가가 예수의 옷을 살짝 만졌다. '이분의
옷에 손가락 하나만 대어도 내가 낫겠다'고 생각한 것이다.
예수께서 돌아서서 여자를 보셨다. 그리고 이렇게 다독여
주셨다. "안심하여라, 딸아. 너는 믿음의 모험을 했고, 이제
병이 나았다." 그때부터 여자의 몸이 다 나았다.

²³⁻²⁶ 어느새 그들은 지방 관리의 집에 도착해, 이야깃거리를

찾는 입방아꾼들과 음식을 나르는 이웃들 사이를 헤치고 지
나갔다. 예수께서 불쑥 말씀하셨다. "모두 비켜라! 이 소녀
는 죽지 않았다. 자고 있다." 그들은 저가 알지도 못하면서
저런 말을 한다고 했다. 예수께서 무리를 내보내시고 안에
들어가셔서, 소녀의 손을 잡고 일으켜 세우셨다. 소녀를 살
리신 것이다. 곧 소문이 그 지방에 두루 퍼졌다.

믿음대로 되어라

27-28 예수께서 그 집을 떠나시자, 눈먼 사람 둘이 따라오며
소리를 질렀다. "다윗의 자손이여, 불쌍히 여겨 주십시오!
우리를 불쌍히 여겨 주십시오!" 예수께서 집에 들어가시자,
눈먼 그들도 따라 들어갔다. 예수께서 그들에게 말씀하셨
다. "너희는 정말 내가 이 일을 할 수 있다고 믿느냐?" 그들
이 말했다. "그렇습니다, 주님!"

29-31 예수께서 그들의 눈을 만지시며 말씀하셨다. "너희 믿
음대로 되어라." 그러자 그 말씀대로 그들이 앞을 보게 되었
다. 예수께서 엄하게 주의를 주셨다. "이 일이 어떻게 일어
났는지 아무에게도 알리지 마라." 그러나 그들은 문을 나서
기가 무섭게, 만나는 사람마다 그 일에 대해 떠들어 대기 시
작했다.

32-33 눈먼 사람들이 나가자마자, 사람들이 악한 귀신이 들려
말 못하는 사람을 예수께 데려왔다. 예수께서 괴롭히는 악
한 귀신을 쫓아내시자, 그 사람은 마치 평생 말을 해온 사람

처럼 즉시 말문이 술술 트였다. 사람들이 일어나서 박수갈
채를 보냈다. "여태까지 이스라엘에 이런 일은 없었다!"

³⁴ 바리새인들은 흥분해 중얼거렸다. "속임수다. 속임수에
불과하다. 아마 마귀와 짜고 한 일일 것이다."

³⁵⁻³⁸ 그 후에 예수께서 모든 성읍과 마을을 두루 다니셨다.
그분은 회당 곳곳에서 가르치시고, 천국 소식을 알리시고,
병든 사람과 상한 심령들을 고쳐 주셨다. 목자 없는 양처럼
정처 없이 헤매고 있는 무리를 바라보시는 그분의 마음이
무너져 내렸다. 예수께서 제자들에게 말씀하셨다. "추수할
것이 이토록 많은데, 일꾼은 얼마나 적은지! 추수할 일손을
달라고 무릎을 꿇고 기도하여라!"

열두 명의 추수할 일꾼

10

¹⁻⁴ 그 기도는 곧 응답되었다. 예수께서 자기를
따르는 사람들 가운데 열두 명을 불러 무르익은
밭으로 보내셨다. 그분은 그들에게 악한 귀신을 쫓아내는
능력과, 상한 심령들을 자상하게 돌보는 능력을 주셨다. 예
수께서 보내신 열두 명의 이름은 이렇다.

시몬(사람들은 그를 베드로, 곧 '바위'라고 불렀다)
그의 동생 안드레
세베대의 아들 야고보
그의 동생 요한

빌립

바돌로매

도마

세금 징수원 마태

알패오의 아들 야고보

다대오

가나안 사람 시몬

가룟 유다(나중에 그분에게 등을 돌린 자다).

5-8 예수께서 열두 명의 추수할 일꾼을 보내시며 이렇게 당부하셨다.

"믿지 않는 자들을 회심시키려고 먼 곳부터 다니지 마라. 공공연한 적과 거창하게 싸우려 들지도 마라. 바로 여기 가까이 있는 잃어버린 사람들, 혼란에 빠진 사람들한테 가거라. 그들에게 하나님 나라가 여기 있다고 말하여라. 병든 사람들에게 건강을 되찾아 주고, 죽은 사람들을 다시 살려 주어라. 버림받은 사람들을 만져 주어라. 귀신을 쫓아내어라. 너희가 후한 대접을 받았으니, 너희도 후하게 살아라.

9-10 시작하기 전에 모금행사를 벌여야겠다고 생각하지 마라. 너희에게는 많은 준비가 필요 없다. 너희 자신을 준비하여라. 하루 세 끼 먹을 것만 있어도 너희는 이 일을 계속할 수 있다. 짐을 가볍게 하고 다녀라.

11 어떤 성읍이나 마을에 들어가거든, 굳이 고급 여관에 묵

지 마라. 수수한 사람들이 사는 적당한 곳을 찾아가 떠날 때
까지 그곳으로 만족하여라.

12-15 문을 두드릴 때는 정중히 인사하여라. 그들이 너희를 맞
아들이거든 예의 바르게 이야기를 나누어라. 너희를 맞아들
이지 않거든 조용히 떠나라. 소란 피울 것 없다. 무시해 버리
고 너희의 길을 가면 된다. 심판 날에 그들은 틀림없이 크게
후회하겠지만, 그것은 지금 너희가 신경 쓸 일이 아니다.

16 늘 정신을 바짝 차려라. 내가 너희에게 맡기는 일은 위험
한 일이다. 너희는 이리 떼 속을 달려가는 양과 같으니, 너
희에게 시선이 쏠리지 않게 하여라. 뱀처럼 영리하고 비둘
기처럼 순수하여라.

17-20 세상을 몰라서는 안된다. 어떤 사람들은 너희의 동기를
비난할 것이고, 어떤 사람들은 너희의 평판을 더럽힐 것이
다. 단지 나를 믿는다는 이유만으로 그렇게 할 것이다. 그들
이 너희를 법정으로 끌고 가더라도 당황하지 마라. 그들은
자기도 모르게, 너희와 나에게 호의를 베푼 것이다. 너희에
게 천국 소식을 전할 무대를 만들어 준 것이다! 그때 무엇을
말할지, 어떻게 말할지 걱정하지 마라. 꼭 맞는 말이 떠오를
것이다. 너희 아버지의 영이 필요한 말을 주실 것이다.

21-23 너희가 전하려는 분이, 자기들 기분이나 맞춰 주는 어
떤 우상이 아니라 살아 계신 하나님임을 알게 된다면, 사람
들은 너희를 대적할 것이다. 심지어 너희 가족들도 그럴 것
이다. 큰 사랑을 선포했는데 그처럼 큰 미움을 맛보게 되니,

얼마나 어처구니없는 일이냐! 그러나 포기하지 마라. 굴복하지 마라. 마지막에 가면 그 가치를 알게 될 것이다. 이런 일이 벌어질 때 너희가 구할 것은, 성공이 아니라 생존이다. 살아남는 자가 되어라! 더 이상 어쩔 수 없는 상황에 이르기 전에, 인자가 올 것이다.

²⁴⁻²⁵ 학생이 선생보다 더 나은 책상을 쓸 수 없다. 사원이 사장보다 돈을 더 벌지 못한다. 너희는 내 학생이요 내 추수할 일꾼이니, 나와 똑같은 대접을 받거든 만족하여라. 아예 기뻐하여라. 그들이 주인인 나를 '똥 묻은 화상'이라고 부르는데, 일꾼들이야 더 무엇을 바라겠느냐?

²⁶⁻²⁷ 겁먹지 마라. 언젠가는 모든 것이 밝혀져 모든 사람이 일의 진실을 알게 될 것이다. 그러니 드러내 놓고 진리를 말하기를 주저하지 마라.

²⁸ 괴롭히는 자들이 허세를 부리며 위협한다고 해서 침묵해서는 안된다. 그들이 너희 존재의 중심인 너희 영혼에 할 수 있는 일이란 아무것도 없다. 너희는 너희 삶 전체—몸과 영혼—를 그 손에 붙잡고 계시는 하나님만 두려워하면 된다."

내 편에 서라

²⁹⁻³¹ "애완용 카나리아의 값이 얼마더냐? 푼돈이 아니냐? 그러나 하나님은 그 새에게 일어나는 일을, 너희가 신경 쓰는 것보다 더 신경 쓰신다. 그분께서 너희에게는 더 정성을 쏟으신다. 세세한 것까지 일일이 돌보시며, 심지어 너희의

머리카락까지 다 세신다! 그러니 괴롭히는 자들의 이런저런 말에 겁먹지 마라. 너희는 카나리아 수백만 마리보다 더 귀하다.

³²⁻³³ 세상의 여론에 맞서 내 편을 들어라. 그러면 나도 하늘에 계신 내 아버지 앞에서 너희 편을 들 것이다. 너희가 겁이 나서 달아난다면, 내가 너희를 감싸 줄 것 같으냐?

³⁴⁻³⁷ 내가 삶을 편안하게 해주려고 왔다고 생각하지 마라. 나는 갈라서게 하려고 왔다. 아들과 아버지, 딸과 어머니, 며느리와 시어머니 사이를 분명하게 갈라서게 하려고 왔다. 가족 간의 편안한 인연을 갈라놓아서, 너희로 하여금 하나님을 위해 자유롭게 되게 하려고 왔다. 좋은 뜻을 가진 너희 가족이 최악의 원수가 될 수 있다. 나보다 자기 아버지나 어머니를 더 좋아하는 사람은 내게 합당하지 않다. 나보다 아들이나 딸을 더 좋아하는 사람은 내게 합당하지 않다.

³⁸⁻³⁹ 물불을 안 가리고 끝까지 나와 함께 가지 않는 사람은, 내게 합당하지 않다. 너희의 일차 관심사가 자신을 챙기는 것이라면, 너희는 절대로 자신을 얻지 못할 것이다. 그러나 너희 자신을 잊어버리고 나를 바라보면, 너희 자신과 나 둘 모두를 얻을 것이다.

⁴⁰⁻⁴² 이 추수하는 일에 우리는 긴밀히 얽혀 있다. 누구든지 너희가 하는 일을 받아들이는 사람은, 너희를 보낸 나를 받아들이는 것이다. 누구든지 내가 하는 일을 받아들이는 사람은, 나를 보내신 내 아버지를 받아들이는 것이다. 하나님

의 심부름꾼을 받아들이는 것은 하나님의 심부름꾼이 되는 것이나 마찬가지다. 누군가의 도움을 받아들이는 것은 누군가에게 도움을 베푸는 것이나 다름없다. 내가 너희를 부른 일은 큰 일이지만, 주눅 들 것 없다. 작게 시작하는 것이 최선의 방법이다. 이를테면, 목마른 사람에게 냉수 한 잔을 주어라. 베풀거나 받는 지극히 작은 일로 너희는 참된 제자가 된다. 너희는 단 하나도 잃지 않을 것이다."

세례자 요한

11 ¹ 예수께서 열두 제자에게 이렇게 당부하시고 나서, 계속해서 여러 동네에서 가르치고 전도하셨다.
2-3 한편, 요한은 감옥에 갇혀 있었다. 그는 예수께서 하고 계신 일을 전해 듣고는, 자기 제자들을 보내어 물었다. "우리가 기다려 온 분이 선생님입니까, 아니면 아직도 기다려야 합니까?"
4-6 예수께서 그들에게 말씀하셨다. "가서 지금 벌어지고 있는 일을 요한에게 말하여라.

　　눈먼 사람이 보고
　　저는 사람이 걷고
　　나병환자가 깨끗해지고
　　귀먹은 사람이 듣고
　　죽은 사람이 살아나며,

이 땅의 불쌍한 사람들이 하나님께서 자기들 편임을 깨닫
는다.

이것이 너희가 기대하던 것이냐? 그렇다면 너희야말로 가
장 복된 사람인 줄 알아라!"

7-10 요한의 제자들이 보고하러 떠나자, 예수께서 무리에게
요한에 대해 말씀하셨다. "그를 보러 광야로 나갈 때에 너희
는 무엇을 기대했더냐? 주말을 쉬러 나온 사람이더냐? 아
닐 것이다. 그럼 무엇이냐? 멋진 양복을 차려입은 교주더
냐? 광야에서는 어림도 없다. 그럼 무엇이냐? 예언자냐?
맞다, 예언자! 너희 평생에 최고의 예언자일 것이다. 그는
예언자 말라기가 '내가 내 예언자를 앞서 보내어 네 길을 평
탄하게 만들 것이다'라고 말한 그 예언자다.

11-14 지금 무슨 일이 벌어지고 있는지 내가 말해 주겠다. 역
사상 어느 누구도 세례자 요한보다 나은 사람이 없다. 그러
나 그가 너희에게 준비시킨 천국에서는 가장 낮은 사람이라
도 요한보다 앞선다. 오랫동안 사람들은 스스로 하나님 나라
에 들어가려고 애써 왔다. 그러나 예언자들의 책과 하나님의
율법을 자세히 읽어 보면 알겠지만, 그 모든 것이 요한에서
절정에 이르고, 요한과 협력하여 천국의 메시아를 위한 길을
예비하고 있다. 이렇게 보면, 요한은 너희 모두가 어서 와서
메시아를 소개해 주기를 고대했던 그 엘리야가 맞다.

15 내 말을 듣고 있느냐? 정말로 듣고 있느냐?

16-19 이 세대 사람들을 어떻게 설명할 수 있을까? 그들은 '우리는 더 놀고 이야기하고 싶은데 엄마 아빠는 늘 피곤하고 바쁘다고 해요' 하고 불평을 늘어놓는 아이와 같다. 요한이 와서 금식하니 사람들은 그가 미쳤다고 했다. 내가 와서 실컷 먹으니 사람들은 내가 술고래며, 인간쓰레기들의 친구라고 했다. 본래 여론조사는 믿을 만한 것이 못되지 않더냐? 음식 맛은 먹어 보아야 안다."

자연스런 은혜의 리듬을 배워라

20 그 후에 예수께서 자신이 가장 열심히 일하셨으나 사람들의 반응이 가장 적었던 여러 도시들을 호되게 책망하셨다. 그곳 사람들이 무관심하게 제 갈 길로 가 버렸던 것이다.

21-24 "고라신아, 너에게 화가 있을 것이다! 벳새다야, 너에게 화가 있을 것이다! 두로와 시돈이 너희가 본 엄청난 기적의 절반만 보았어도, 당장 무릎을 꿇었을 것이다. 심판 날에 그들은 너희에 비하면 가벼운 벌로 끝날 것이다. 가버나움아! 네가 잔뜩 점잔을 빼다만 결국은 지옥에 떨어질 것이다. 소돔 사람들도 너처럼 기회가 있었다면, 그 도시가 지금까지 남아 있었을 것이다. 심판 날에 그들은 너희에 비하면 가벼운 벌로 끝날 것이다."

25-26 갑자기 예수께서 기도하셨다. "하늘과 땅의 주인이신 아버지, 감사합니다. 아버지께서는 아버지의 길을 똑똑하고 다 아는 체하는 사람들에게는 숨기시고, 평범한 사람들에게

는 분명히 밝히셨습니다. 그렇습니다, 아버지. 아버지께서는 이렇게 일하시는 것을 좋아하십니다."

²⁷ 예수께서 다시 사람들에게 말씀하시되, 이번에는 부드럽게 말씀하셨다. "아버지께서 이 모든 것을 내게 행하고 말하라고 맡겨 주셨다. 이것은 아버지와 아들이 서로를 잘 아는 친밀한 관계에서 비롯되는, 부자간의 독특한 일이다. 아무도 아버지가 아는 것처럼 아들을 아는 이가 없고, 아들이 아는 것처럼 아버지를 아는 이도 없다. 하지만 나는 이것을 나 혼자만 누릴 생각이 없다. 누구든지 들을 마음만 있으면, 나는 차근차근 가르쳐 줄 준비가 되어 있다.

²⁸⁻³⁰ 너희는 피곤하고 지쳤느냐? 종교생활에 탈진했느냐? 나에게 오너라. 나와 함께 길을 나서면 너희 삶은 회복될 것이다. 내가 너희에게 제대로 쉬는 법을 가르쳐 주겠다. 나와 함께 걷고 나와 함께 일하여라. 내가 어떻게 하는지 잘 보아라. 자연스런 은혜의 리듬을 배워라. 나는 너희에게 무겁거나 맞지 않는 짐을 지우지 않는다. 나와 함께 있으면 자유롭고 가볍게 사는 법을 배울 것이다."

안식일의 주인

12

¹⁻² 어느 안식일에, 예수께서 제자들과 함께 곡식이 무르익은 밭 사이를 거닐고 계셨다. 제자들이 배가 고파 곡식 이삭을 따서 씹어 먹었다. 바리새인들이 그 일을 예수께 일러바쳤다. "당신의 제자들이 안식일 규정을

어기고 있습니다!"

3-5 예수께서 말씀하셨다. "정말이냐? 너희는 다윗과 그 동료들이 배고플 때에 한 일을 읽어 보지 못했느냐? 그들이 성소에 들어가서, 제사장들 외에는 아무도 먹지 못하게 되어 있는, 제단에서 갓 물려낸 빵을 먹지 않았느냐? 또 너희는 성전에서 직무를 수행중인 제사장들이 매번 안식일 규정을 어기는데도 죄가 되지 않는다는 것을, 하나님의 율법에서 읽어 보지 못했느냐?

6-8 여기에는 종교 이상으로 훨씬 많은 문제가 걸려 있다. 너희가 만일 '나는 경직된 의식(儀式)보다 유연한 마음을 더 원한다'고 한 성경 말씀의 뜻을 조금이라도 안다면, 사소한 일로 이렇게 트집 잡지는 않을 것이다. 인자는 안식일의 종이 아니라 주인이다."

9-10 예수께서 밭을 떠나 그들의 회당에 들어가셨다. 거기에 한쪽 손이 오그라든 사람이 있었다. 그들은 예수께 "안식일에 병을 고치는 것이 율법에 맞습니까?" 하고 물었다. 예수를 함정에 빠뜨리려고 했던 것이다.

11-14 예수께서 대답하셨다. "여기에 혹시 자신의 어린양 한 마리가 골짜기에 떨어졌는데, 안식일이라고 해서 그 어린양을 끌어내지 않을 사람이 있느냐? 하물며 인간에게 친절을 베푸는 것이 짐승에게 친절을 베푸는 것만큼이나 율법에 맞지 않겠느냐!" 그러고 나서 예수께서 그 사람에게 말씀하셨다. "네 손을 내밀어라." 그가 손을 내밀자, 그 손이 다 나았

다. 바리새인들은 발끈해 나가서는, 예수를 파멸시킬 방도를 흥분하며 이야기했다.

내가 택한 나의 종

15-21 예수께서 사람들이 자기를 붙잡으려는 것을 아시고 다른 데로 가셨다. 많은 사람들이 따라왔고, 예수께서는 그들을 다 고쳐 주셨다. 또 그들에게 소문을 내지 말라고 당부하셨다. 이사야가 기록한 대로 하신 것이다.

> 내가 신중히 택한 종을 잘 보아라.
> 나는 그를 한없이 사랑하며 기뻐한다.
> 내가 내 영을 그 위에 두었으니
> 그가 모든 나라에 정의를 선포할 것이다.
> 그러나 그는 소리지르거나 목소리를 높이지 않으며
> 길가에서 소란을 피우지 않을 것이다.
> 그는 누구의 감정도 짓밟지 않으며
> 너희를 궁지에 몰아넣지도 않을 것이다.
> 어느새 그의 정의가 승리할 것이며,
> 아득히 먼 곳의 믿지 않는 사람들까지도,
> 들려오는 그의 이름만 듣고도 희망을 품게 될 것이다.

중립지대는 없다

22-23 그 후에 사람들이 귀신 들려 눈멀고 귀먹은 불쌍한 사

람을, 예수 앞에 데려왔다. 예수께서 그를 고쳐 시력과 청력을 되찾아 주셨다. 그것을 본 사람들이 감동했다. "이 사람은 다윗의 자손이 틀림없다!"

²⁴ 그러나 바리새인들은 그 보고를 듣고서 빈정대며 말했다. "마술이다. 소맷자락에서 마귀의 속임수를 끄집어낸 것이다."

²⁵⁻²⁷ 예수께서 그들의 비방에 맞섰다. "같은 사람에게 서로 상반되는 판결을 내리는 재판관은 자기 말을 무효로 하는 것이다. 늘 싸움질하는 가정은 무너지게 마련이다. 사탄이 사탄을 쫓아내면, 어느 사탄이 남아나겠느냐? 너희가 나를 마귀라고 욕하며 마귀 쫓아내는 마귀라 부른다면, 너희의 귀신 쫓아내는 자들에게도 똑같은 욕이 되지 않겠느냐?

²⁸⁻²⁹ 그러나 내가 하나님의 능력으로 악한 귀신들을 내쫓는 것이라면, 하나님 나라가 확실히 여기 있는 것이다. 환한 대낮에 시퍼렇게 눈을 뜬 건장한 사내의 집에 들어가서 그 살림을 가지고 달아나려면, 먼저 그 사람을 묶어야 하지 않겠느냐? 그를 묶으면 집을 깨끗이 털 수 있다.

³⁰ 이것은 전쟁이며, 중립지대는 없다. 내 편이 아니라면, 너희는 내 적이다. 돕지 않으면 방해하는 것이다.

³¹⁻³² 용서받지 못할 말이나 행동은 없다. 그러나 너희가 고의로 하나님의 영을 끝까지 비방하면, 너희를 용서하시는 바로 그분을 물리치는 것이 된다. 너희가 어떤 오해로 인자를 거부하면, 성령께서 너희를 용서하실 수 있다. 그러나 성령을 거부하면, 너희는 자신이 걸터앉은 나뭇가지를 톱으로

잘라 내는 것이고, 용서하시는 그분과의 모든 관계를 너희 자신의 사악함으로 끊어 버리는 것이다.

³³ 건강한 나무를 키우면, 건강한 열매를 거둔다. 병든 나무를 키우면, 벌레 먹은 열매를 거둔다. 열매를 보면 나무를 알 수 있다.

³⁴⁻³⁷ 너희 생각은 뱀 구덩이와 같다! 너희 생각이 그렇게 더러운데, 어떻게 너희 말이 온전할 수 있겠느냐? 너희 말에 의미를 부여해 주는 것은, 사전이 아니라 너희 마음이다. 선한 사람은 철마다 선한 행실과 선한 말의 열매를 맺는다. 악한 사람은 과수원의 마름병과 같다. 내가 너희에게 말한다. 이 부주의한 말 한 마디 한 마디가 되돌아와서 너희를 괴롭힐 것이다. 결산의 날이 올 것이다. 말에는 막강한 힘이 있다. 말에 신중을 기하여라. 말이 너희를 구원할 수도 있고, 너희를 저주할 수도 있다."

요나의 증거

³⁸ 나중에 종교 학자와 바리새인 몇 사람이 예수를 찾아왔다. "선생님, 당신의 신임장을 보고 싶습니다. 하나님이 함께하시는 일이라는 확실한 증거를 보여주십시오. 기적이라도 보여주시지요."

³⁹⁻⁴⁰ 예수께서 말씀하셨다. "너희가 증거를 찾고 있으나 엉뚱한 증거를 찾고 있다. 너희는 너희의 호기심을 만족시켜 주고, 기적에 대한 너희의 욕망을 채워 줄 무언가를 바란다.

그러나 너희가 얻게 될 유일한 증거는, 증거처럼 여겨지지 않는 요나의 증거뿐이다. 사흘 밤낮을 물고기 뱃속에 있었던 요나처럼, 인자도 사흘 밤낮을 깊은 무덤 속에서 지낼 것이다.

41-42 심판 날에, 니느웨 사람들이 일어나 이 세대를 정죄할 증거를 내놓을 것이다. 요나가 설교할 때, 그들이 자신들의 삶을 고쳤기 때문이다. 요나보다 더 큰 설교자가 여기 있는데도, 너희는 증거를 따지고 있다. 심판 날에, 시바 여왕이 앞에 나와서 이 세대를 정죄할 증거를 제시할 것이다. 여왕이 지혜로운 솔로몬의 말을 들으려고 먼 땅 끝에서부터 찾아왔기 때문이다. 솔로몬의 지혜보다 더 큰 지혜가 바로 너희 앞에 있는데도, 너희는 증거 운운하며 억지를 부리고 있다.

43-45 사람에게서 쫓겨난 더러운 악한 귀신은 광야를 이리저리 떠돌며 자기가 들어갈 만한 오아시스, 곧 순진한 영혼을 찾아다닌다. 아무도 찾지 못하면, 귀신은 '내가 전에 있던 소굴로 돌아가자' 하고 말한다. 돌아가 보니, 그 사람은 흠 하나 없이 깨끗한데, 텅 비어 있다. 그래서 악한 귀신은 달려가서 자기보다 더 악한 귀신을 일곱이나 끌어 모아서는, 다 함께 그 사람 안에 들어가 난장판을 벌인다. 결국 그 사람의 상태는 깨끗함을 받지 않았던 처음보다 훨씬 나빠진다.

바로 이 세대가 그렇다. 너희 생각에는 너희가 삶의 쓰레기를 치워 내고 하나님 앞에 준비된 것 같을지 모르나, 너희는 내 나라의 메시지를 순순히 받아들이지 않았다. 이제 온갖 마귀가 다시 들어오고 있다."

순종이 피보다 진하다

46-47 예수께서 아직 무리에게 말씀하고 있는데, 그분의 어머니와 형제들이 나타났다. 그들은 밖에서 예수께 말을 전하려고 했다. 누군가 예수께 말씀드렸다. "선생님의 어머니와 형제들이 이야기하려고 밖에 있습니다."

48-50 예수께서 직접 답하지 않고 이렇게 말씀하셨다. "내 어머니와 형제들이 누구라고 생각하느냐?" 그러고는 제자들을 향해 손을 내미셨다. "잘 보아라. 이들이 내 어머니요 형제들이다. 순종이 피보다 진하다. 내 하늘 아버지의 뜻에 순종하는 사람이 내 형제요 자매요 어머니다."

씨 뿌리는 농부 이야기

13 1-3 같은 날 예수께서 집에서 나가 해변에 앉으셨다. 순식간에 바닷가를 따라 무리가 모여들어, 예수께서 할 수 없이 배에 오르셨다. 예수께서 배를 설교단 삼아 회중에게 여러 이야기를 들려주셨다.

3-8 "너희는 어떻게 생각하느냐? 어떤 농부가 씨를 뿌렸다. 씨를 뿌리는데, 더러는 길 위에 떨어져서, 새들이 먹어 버렸다. 더러는 자갈밭에 떨어져서, 금세 싹이 났으나 뿌리를 내리지 못해, 해가 나자 곧 시들어 버렸다. 더러는 잡초밭에 떨어져서, 싹이 났으나 잡초가 짓눌러 버렸다. 더러는 좋은

땅에 떨어져서, 농부가 생각지도 못한 큰 결실을 맺었다.
⁹ 너희는 듣고 있느냐? 정말로 듣고 있느냐?"

왜 이야기인가

¹⁰ 제자들이 다가와서 물었다. "왜 이야기로 말씀하십니까?"
¹¹⁻¹⁵ 예수께서 대답하셨다. "너희에게는 하나님 나라를 아는 깨달음이 주어졌다. 너희는 하나님 나라가 어떻게 되어 가는지 안다. 그러나 이 선물, 이 깨달음은 누구한테나 있는 것이 아니다. 어떤 사람에게는 주어지지 않았다. 누구든지 준비된 마음이 있으면 언제라도 깨달음과 이해가 막힘 없이 흐른다. 그러나 준비된 마음이 없으면, 깨달음은 흔적도 없이 금세 사라진다. 내가 이야기로 말하는 것은 그런 이유에서다. 마음을 준비시키고, 마음을 열어 깨닫도록 주의를 환기시키려는 것이다. 현재 상태로는 그들은 세상 끝날까지 쳐다보아도 보지 못하고, 지칠 때까지 들어도 깨닫지 못한다. 내가 이사야의 예언을 굳이 반복해서 말할 필요가 있겠느냐?

너희 귀가 열렸으나 하나도 듣지 못하고
눈을 떴으나 하나도 보지 못한다.
이 사람들은 머리가 꽉 막혔다!
그들은 듣지 않으려고
손가락으로 귀를 틀어막는다.
보지 않으려고,

나와 얼굴을 맞대지 않으려고,
내 치유를 받지 않으려고,
두 눈을 질끈 감는다.

16-17 그러나 너희는 하나님이 복 주신 눈, 곧 보는 눈이 있다! 하나님이 복 주신 귀, 곧 듣는 귀가 있다! 예언자와 겸손하게 믿는 이들을 비롯해 많은 사람들이, 너희가 지금 보는 것을 보고 너희가 지금 듣는 것을 들을 수만 있었다면 그 무엇도 마다하지 않았을 텐데, 그럴 기회가 없었다."

씨 뿌리는 농부 이야기의 의미

18-19 "농부가 씨를 뿌리는 이 이야기에서 배워라. 누구든지 천국 소식을 듣고도 받아들이지 않으면, 마음에 뿌려졌으나 겉에 그대로 남아 있는 그 들은 것을 악한 자가 와서 낚아채 간다. 이것이 농부가 길 위에 뿌린 씨다.

20-21 자갈밭에 떨어진 씨는, 듣는 즉시 뜨겁게 반응하는 사람이다. 하지만 성품의 토양이 없다 보니, 감정이 식거나 어려움이 닥치면 아무 쓸모가 없게 되고 만다.

22 잡초밭에 떨어진 씨는, 천국 소식을 듣기는 듣지만 세상 모든 것을 갖고 싶고 더 얻으려는 염려와 망상의 잡초 때문에 숨이 막혀서, 아무 소득이 없는 사람이다.

23 좋은 땅에 떨어진 씨는, 그 소식을 듣고 받아들여서 생각지도 못한 큰 결실을 맺는 사람이다."

❧

²⁴⁻²⁶ 예수께서 또 다른 이야기를 들려주셨다. "하나님 나라는 자기 밭에 좋은 씨를 심은 농부와 같다. 그날 밤, 품꾼들이 자는 동안에 그의 원수가 밀밭 사이사이에 엉겅퀴를 뿌리고는 동트기 전에 자취를 감췄다. 푸른 싹이 처음 나고 낟알이 영글려고 할 때에 엉겅퀴도 함께 나왔다.

²⁷ 일꾼들이 농부에게 와서 말했다. '주인님, 좋은 씨만 가려서 심지 않았습니까? 이 엉겅퀴는 어디서 왔습니까?'

²⁸ 주인은 '원수가 그랬구나' 하고 대답했다.

일꾼들은 '엉겅퀴를 뽑을까요?' 하고 물었다.

²⁹⁻³⁰ 주인이 말했다. '아니다. 엉겅퀴를 뽑다가 밀까지 뽑아 버리겠다. 그냥 추수 때까지 같이 자라게 두어라. 그때에 내가 추수하는 사람들에게 엉겅퀴는 뽑아 따로 묶어 불사르고, 밀은 거두어 곳간에 넣으라고 하겠다.'"

³¹⁻³² 또 다른 이야기다. "하나님 나라는 농부가 심은 솔씨 하나와 같다. 솔씨는 씨로서는 아주 작지만, 세월이 가면 독수리들이 그 안에 둥지를 틀 만큼 큰 나무로 자란다."

³³ 또 다른 이야기다. "하나님 나라는 여자가 보리빵 수십 개를 만들려고 반죽에 넣은 누룩과 같다. 기다리고 있으면 반죽이 부풀어 오른다."

³⁴⁻³⁵ 그날 예수께서는 이야기만 하셨다. 오후 내내 이야기 시간이었다. 그분이 이야기로 말씀하신 것은 예언의 성취였다.

내가 입을 열어 이야기하겠다.
세상 첫날부터 숨겨진 것들을
내가 드러내겠다.

역사에 막이 내릴 때

36 예수께서 회중을 돌려보내시고 집에 들어가셨다. 제자들이
들어와서 말했다. "밭의 엉겅퀴 이야기를 설명해 주십시오."

37-39 그래서 예수께서 설명해 주셨다. "좋은 씨를 뿌리는 농
부는 인자다. 밭은 세상이고, 좋은 씨는 천국 백성이다. 엉
겅퀴는 마귀의 백성이고, 엉겅퀴를 뿌리는 원수는 마귀다.
추수 때는 시대의 끝이고, 역사의 끝이다. 추수하는 일꾼들
은 천사들이다.

40-43 엉겅퀴를 묶어서 불사르는 장면은 마지막 막에 나온다.
인자가 천사들을 보내어 자기 나라에서 엉겅퀴를 뽑아 쓰레
기장에 던지면, 그것으로 끝이다. 그들은 높은 하늘에 대고
불평하겠지만, 아무도 귀 기울이지 않을 것이다. 그러나 거
룩하게 무르익은 삶들은 성숙하게 자라서, 자기 아버지의
나라를 아름답게 꾸밀 것이다.

너희는 듣고 있느냐? 정말로 듣고 있느냐?

44 하나님 나라는 오래도록 밭에 감추어져 있다가 그 곁을
지나가던 사람이 우연히 찾아낸 보물과 같다. 찾아낸 사람
은 기뻐 어쩔 줄 몰라서 '이게 웬 횡재냐!' 하며 전 재산을 팔
아 그 밭을 산다.

45-46 하나님 나라는 최고의 진주를 찾아다니는 보석상과 같다. 흠 없는 진주를 만나면, 그는 즉시 모든 것을 팔아 그 진주를 산다.

47-50 하나님 나라는 바다에 던져 온갖 물고기를 잡는 그물과 같다. 그물이 가득 차면, 해변가로 끌어다가 좋은 물고기는 골라서 통에 담고 먹지 못할 것은 버린다. 역사에 막이 내릴 때도 그럴 것이다. 천사들이 와서 쓸모없는 물고기들은 추려 내서 쓰레기통에 버릴 것이다. 엄청난 불평이 있겠지만, 전혀 소용없을 것이다."

51 예수께서 물으셨다. "이제 이 모든 것을 알 것 같으냐?" 그들은 "예" 하고 대답했다.

52 예수께서 말씀하셨다. "너희가 보다시피, 하나님 나라의 훈련을 잘 받은 학생은 마치 편의점 주인과 같다. 무엇이든 필요한 것이면, 신상품이든 재고든 꼭 필요한 때에 척척 찾아낸다."

53-57 이 이야기를 다 마치시고, 예수께서 그곳을 떠나 고향으로 돌아가셔서 그곳 회당에서 설교하셨다. 예수께서는 모든 사람의 감탄을 자아낼 정도로 대단하셨다. 사람들은 말했다. "이 사람이 이렇게 훌륭한 사람인지 미처 몰랐다! 어떻게 이런 지혜와 이런 능력을 갖게 되었을까?" 그러나 한편으로 그들은 언제 그랬느냐는 듯이, 어느새 그분을 깎아내리고 있었다. "우리는 이 사람을 어려서부터 알았다. 그는 목수의 아들이다. 그의 어머니 마리아를 우리가 알고, 그

의 동생 야고보와 요셉과 시몬과 유다를 안다. 그의 누이들
도 다 여기 살고 있다. 도대체 그는 자기가 누구라고 저러는
것인가?" 그들은 아주 언짢게 생각했다.

⁵⁸ 그러나 예수께서는 "예언자는 자기 고향과 가족에게 대
단치 않게 여겨지는 법이다"라고 말씀하셨다. 그들의 적대
감과 무관심 때문에 예수께서는 거기서 기적을 많이 행하지
않으셨다.

요한의 죽음

14 ¹⁻² 그 즈음에, 지역 통치자인 헤롯이 예수에 관
한 소문을 들었다. 그는 신하들에게 말했다. "죽
은 세례자 요한이 다시 살아난 것이 틀림없다. 그래서 그 사
람이 능히 기적을 행하는 것이다!"

³⁻⁵ 전에 헤롯은 자기 동생 빌립의 아내인 헤로디아를 달래
려고, 요한을 체포하여 사슬에 채워서 감옥에 가두었다. 요
한은 헤롯과 헤로디아의 관계가 "불륜"이라고 말해 헤롯을
자극했다. 헤롯은 그를 죽이고 싶었으나, 요한을 하나님의
예언자로 우러르는 사람들이 하도 많아서 두려웠다.

⁶⁻¹² 그러나 그의 생일잔치 때 기회가 왔다. 헤로디아의 딸이
손님들을 위해 춤을 추어 여흥을 돋우었다. 헤롯의 마음이
녹아 버렸다. 술김에 흥분한 그는, 딸에게 원하는 것이면 무
엇이든 주겠다고 맹세했다. 이미 어머니의 지시를 받은 딸은
준비가 되어 있었다. "세례자 요한의 머리를 쟁반에 담아 주

세요." 왕은 한순간 정신이 번쩍 들었다. 그러나 그는 손님들에게 체면을 잃고 싶지 않아서, 그대로 했다. 요한의 목을 베어 쟁반에 담아 소녀에게 주라고 명한 것이다. 딸은 그것을 가져다가 자기 어머니에게 주었다. 나중에 요한의 제자들이 시신을 거두어 엄숙히 장례를 치르고는, 예수께 알렸다.

너희가 먹을 것을 주어라

13-14 예수께서 그 소식을 들으시고는, 배를 타고 빠져나가 혼자 외딴 곳으로 가셨다. 그러나 허사였다. 그분을 본 사람이 있어서 금세 소문이 퍼졌다. 곧 인근 여러 마을에서 많은 사람들이 걸어서 호수를 돌아 그분이 계신 곳으로 왔다. 사람들이 오는 것을 보자, 그분은 못내 불쌍한 마음이 들어 아픈 사람들을 고쳐 주셨다.

15 저녁 무렵에 제자들이 예수께 다가와 말했다. "여기는 시골이고 시간도 늦었습니다. 사람들을 돌려보내 마을에 가서 저녁을 먹게 해야겠습니다."

16 그러나 예수께서 말씀하셨다. "보낼 것 없다. 너희가 저녁을 주어라."

17 그들이 말했다. "우리에게 있는 것이라고는 빵 다섯 개와 물고기 두 마리뿐입니다."

18-21 예수께서 말씀하셨다. "이리 가져오너라." 그분은 사람들을 풀밭에 앉히셨다. 그러고는 빵 다섯 개와 물고기 두 마리를 손에 들고 하늘을 우러러 기도하시고 축복하신 다음,

빵을 떼어 제자들에게 주셨다. 제자들은 다시 무리에게 음식을 주었다. 그들 모두가 배불리 먹었다. 남은 것을 거두니 열두 바구니가 되었다. 먹은 사람들이 오천 명쯤 되었다.

물 위를 걸어오시다

22-23 식사가 끝나자, 예수께서 제자들을 재촉하여 배를 타고 먼저 건너편으로 가게 하시고, 그동안에 사람들을 돌려보내셨다. 무리가 흩어지자, 예수께서 산에 올라가 혼자 기도하셨다. 그분은 밤늦도록 거기 혼자 계셨다.

24-26 한편, 배는 이미 바다 멀리까지 나갔는데, 맞바람이 치면서 파도가 배를 세차게 때렸다. 새벽 네 시쯤에, 예수께서 물 위를 걸어 제자들 쪽으로 오셨다. 그들은 무서워서 꼼짝도 못했다. "유령이다!" 그들은 겁에 질려 소리쳤다.

27 그러나 예수께서 얼른 그들을 안심시키셨다. "안심하여라, 나다. 두려워 마라."

28 베드로가 갑자기 담대해져서 말했다. "주님, 정말 주님이시거든 제게 물 위로 걸어오라고 명하십시오."

29-30 예수께서 말씀하셨다. "오너라."

베드로는 배에서 뛰어내려, 물 위를 걸어 예수께로 갔다. 그러나 발밑에 거세게 이는 파도를 내려다보는 순간, 베드로는 용기를 잃고 물에 빠져들기 시작했다. 베드로는 "주님, 저를 구해 주십시오!" 하고 소리쳤다.

31 예수께서 지체하지 않으셨다. 손을 내밀어 그의 손을 잡

으셨다. 그리고 말씀하셨다. "용기 없는 사람아, 어찌 된 것
이냐?"

32-33 두 사람이 배에 오르자, 바람이 가라앉았다. 배 안에서
이 모든 것을 지켜보던 제자들이 예수께 경배하며 말했다.
"이제 됐습니다! 주님은 하나님의 아들이 틀림없습니다!"

34-36 돌아온 그들은 게네사렛에 배를 댔다. 사람들이 예수께
서 오신 것을 알아채고는, 근방에 두루 알려서 모든 병자들
을 불러 모았다. 병자들은 그분의 옷자락을 만지게 해달라
고 청했다. 그분을 만진 사람은 누구나 병이 나았다.

참으로 너희를 더럽히는 것

15
1-2 그 후에, 예루살렘에서 바리새인과 종교 학
자들이 예수께 와서 흠을 잡았다. "당신의 제자
들은 왜 제멋대로 규정을 어깁니까?"

3-9 예수께서 바로 되받으셨다. "그러는 너희는 어째서 너희
규정을 빌미 삼아 제멋대로 하나님의 계명을 어기느냐? 하
나님은 분명히 '너희 부모를 공경하라' 하시고 또 '누구든지
부모를 욕하는 사람은 반드시 죽여야 한다'고 말씀하셨다.
그러나 너희는 부모에게 드려야 할 것이 있어도 부모 대신
에 '하나님께 예물로 바쳤습니다' 말하면서, 그 계명을 회피
하고 있다. 그것이 어떻게 부모를 공경하는 것이라고 하겠
느냐? 너희는 너희 규정으로 하나님의 계명을 무효로 만들
고 있다. 이 사기꾼들아! 너희 같은 사기꾼들에 대해 이사야

가 정곡을 찔러 잘 말했다.

이 백성이 입바른 말을 거창하게 떠벌리지만,
그들의 마음은 딴 데 있다.
겉으로는 나를 경배하는 듯해도,
진심은 그렇지 않다.
무엇이든 자기네 구미에 맞는 가르침을 위해
내 이름을 팔고 있을 뿐이다."

10-11 예수께서 무리를 불러 놓고 말씀하셨다. "잘 듣고 마음에 새겨 두어라. 너희 삶을 더럽히는 것은 너희가 입으로 삼키는 것이 아니라, 너희 입에서 토해 내는 것이다."

12 나중에 제자들이 와서 예수께 말했다. "바리새인들이 주님 말씀을 듣고는 얼마나 못마땅해 하는지 아십니까?"

13-14 예수께서 무시해 버렸다. "하늘에 계신 내 아버지가 심지 않으신 나무는 다 뿌리째 뽑힐 것이다. 내버려 두어라. 그들은 눈먼 사람을 인도하는 눈먼 사람이다. 눈먼 사람이 눈먼 사람을 인도하면, 둘 다 구덩이에 빠지는 법이다."

15 베드로가 말했다. "잘 모르겠습니다. 쉽게 말씀해 주십시오."

16-20 예수께서 대답하셨다. "너희도 모르느냐? 우둔해지기로 작정이라도 한 것이냐? 무엇이든지 입으로 삼키는 것은 장으로 들어가서 결국 배설되는 것을 알지 못하느냐? 하지

만 입에서 나오는 것은 마음에서 비롯된 것이다. 우리가 토해 내는 악한 논쟁과 살인과 간음과 음란과 도둑질과 거짓말과 악담이 모두 마음에서 나온다. 바로 이런 것들이 너희를 더럽힌다. 어떤 음식을 먹고 안 먹고, 손을 씻고 안 씻고는 전혀 상관없는 일이다."

병든 사람들을 고쳐 주시다

21-22 예수께서 거기에서 떠나 두로와 시돈으로 가셨다. 그들이 도착하기가 무섭게 그 지방에 사는 가나안 여자가 다가와 간청했다. "다윗의 자손이신 주님, 불쌍히 여겨 주십시오! 제 딸이 악한 귀신에 들려 몹시 괴로워하고 있습니다."

23 예수께서 여자의 말을 무시하셨다. 제자들이 다가와 불평했다. "여자가 우리를 귀찮게 합니다. 어떻게 좀 해주십시오. 성가셔 죽겠습니다."

24 예수께서 거절하시며, 그들에게 말씀하셨다. "나는 이스라엘의 잃어버린 양을 대하는 것만으로도 바쁘다."

25 그러자 여자가 다시 예수께 와서 무릎을 꿇고 애원했다. "주님, 저를 도와주십시오."

26 예수께서 말씀하셨다. "자녀들의 입에서 빵을 빼앗아 개들에게 던져 주는 것은 옳지 않다."

27 여자가 재빨리 받았다. "옳습니다, 주님. 하지만 구걸하는 개들도 주인의 상에서 떨어지는 부스러기를 먹습니다."

28 예수께서 뜻을 굽히셨다. "여자야, 네 믿음이 남다르다.

네 소원대로 되었다!" 그 즉시 여자의 딸이 나았다.

29-31 예수께서 돌아오셔서, 갈릴리 호숫가를 걸어 산에 올라 가셨다. 거기에 자리를 정하시고 사람들을 맞을 채비를 하셨다. 수많은 사람들이 중풍병자와 눈먼 사람과 다리를 저는 사람과 말 못하는 사람과 그 밖에 도움이 필요한 사람들을, 예수께서 어떻게 하시나 보려고 그분 발 앞에 데려왔다. 예수께서 그들을 고쳐 주셨다. 사람들은 말 못하던 사람이 말하고, 다리를 저는 사람이 건강해지고, 중풍병자가 걸어 다니고, 눈먼 사람이 사방을 둘러보는 것을 보면서 놀라워했다. 그들은 하나님께서 자기들 가운데 생생히 살아 계심을 모든 사람에게 알렸다.

❧

32 그러나 예수께서는 다 끝내신 것이 아니었다. 예수께서 제자들을 불러 말씀하셨다. "이 사람들을 보니 내 마음이 아프구나. 이들이 사흘이나 나와 함께 있었는데, 이제 먹을 것이 없다. 배고픈 채로 가다가는 길에서 쓰러질지도 모르니 차마 보내지 못하겠다."

33 제자들이 말했다. "하지만 여기는 허허벌판인데 끼니가 될 만한 음식을 어디서 구하겠습니까?"

34-39 예수께서 물으셨다. "너희에게 **빵**이 얼마나 있느냐?"

"**빵** 일곱 개와 물고기 몇 마리가 있습니다." 그들이 말했다. 그러자 예수께서 사람들을 앉게 하셨다. 예수께서는 **빵** 일곱 개와 물고기를 손에 들고 감사를 드리신 후에, 사람들에게 나누어 주셨다. 모두가 먹되, 원하는 만큼 실컷 먹었다. 남은 것을 거두니 큰 것으로 일곱 바구니나 되었다. 사천 명이 넘는 사람들이 배부르게 먹었다. 예수께서 그들을 보내시고 나서, 배에 올라 마가단 지방으로 건너가셨다.

나쁜 누룩을 주의하여라

16

¹⁻⁴ 바리새인과 사두개인들이 또다시 예수께 달라붙어, 자신을 입증해 보이라고 몰아세웠다. 예수께서 그들에게 말씀하셨다. "너희 속담에 '저녁 하늘이 붉으면 날씨가 좋고, 아침 하늘이 붉으면 날씨가 궂다'고 했다. 너희가 날씨는 쉽게 내다보면서, 어째서 시대의 표적은 읽을 줄 모르느냐? 악하고 음란한 세대가 항상 표적과 기적을 구한다. 너희가 얻을 표적은 요나의 표적뿐이다." 그러고서 그분은 발길을 돌려 떠나셨다.

⁵⁻⁶ 호수 건너편으로 가는 길에, 제자들이 깜빡 잊고 빵을 가져오지 않은 것을 알았다. 마침 예수께서 그들에게 "바리새인과 사두개인의 누룩을 각별히 주의하여라" 하고 말씀하셨다.

⁷⁻¹² 제자들은 예수께서 빵을 잊어버린 것을 꾸짖으시는 줄 알고 수군거리며 대책을 논의했다. 예수께서 그들이 하는 일을 아시고 말씀하셨다. "어째서 빵을 잊어버린 것을 가지고 이렇게 걱정스레 수군거리느냐? 믿음이 적은 사람들아! 아직도 알아듣지 못하겠느냐? 빵 다섯 개로 오천 명이

먹고 거둔 조각이 몇 바구니며, 빵 일곱 개로 사천 명이 먹고 거둔 나머지가 몇 바구니였느냐? 빵이 문제가 아니라는 것을 아직도 모르겠느냐? 문제는 누룩, 바리새인과 사두개인의 누룩이다." 그때에야 그들은 알아들었다. 예수께서는 먹을 것이 아니라 가르침, 곧 바리새인과 사두개인의 가르침을 걱정하셨던 것이다.

주님은 메시아이십니다

13 예수께서 빌립보의 가이사랴에 있는 마을에 이르러 제자들에게 물으셨다. "사람들이 인자를 누구라 하더냐?"

14 제자들이 대답했다. "세례자 요한이라고 하는 사람들도 있고, 엘리야라고 하는 사람들도 있고, 예레미야나 다른 예언자 가운데 한 사람이라고 하는 사람들도 있습니다."

15 예수께서 곧바로 물으셨다. "그러면 너희는 어떠냐? 너희는 나를 누구라고 하느냐?"

16 시몬 베드로가 말했다. "주님은 살아 계신 하나님의 아들이시며 그리스도, 곧 메시아이십니다."

17-18 예수께서 대답하셨다. "요나의 아들 시몬아, 너는 하나님의 복을 받았다! 너의 그 대답은 책이나 교사들한테서 나온 것이 아니다. 하늘에 계신 내 아버지 하나님께서 친히 네게, 참으로 내가 누구인지 그 비밀을 알려 주셨다. 이제 네가 누구인지, 참으로 네가 누구인지 내가 알려 주겠다. 너는 베드로, 곧 바위다. 이 바위 위에 내가 내 교회를 세울 것

이다. 그 교회는 지옥의 문들조차도 막아서지 못할 만큼, 그
세력이 널리 뻗칠 것이다.

¹⁹ 그것이 다가 아니다. 너는 어떤 문이라도 여는 열쇠를 받
아서, 하나님 나라에 아무 제약 없이 자유롭게 드나들게 될
것이다. 하늘과 땅, 땅과 하늘 사이에 더 이상 장벽이 없을
것이다. 땅에서 '예'는 하늘에서도 '예'이고, 땅에서 '아니요'
는 하늘에서도 '아니요'이다."

²⁰ 예수께서는 제자들에게 비밀을 지킬 것을 엄히 명하셨다.
그리고 그분이 메시아이심을 아무에게도 말하지 않겠다는
다짐을 그들에게서 받으셨다.

결정은 내가 한다

²¹⁻²² 예수께서 이제 자신이 예루살렘으로 가서 종교 지도자
들의 손에 처참한 고난을 받아 죽임을 당하고, 사흘째 되는
날에 다시 살아나야 할 것을 제자들에게 밝히 말씀하셨다.
베드로가 그분을 붙들고 항의했다. "절대 안됩니다, 주님!
절대로 있을 수 없는 일입니다!"

²³ 그러나 예수께서는 꿈쩍도 않으셨다. "베드로야, 썩 비켜
라. 사탄아, 물러가라. 너는 하나님이 어떻게 일하시는지 조
금도 모른다."

²⁴⁻²⁶ 그리고 나서 예수께서 다시 제자들에게 말씀하셨다.
"누구든지 나와 함께 가려면 내가 가는 길을 따라야 한다.
결정은 내가 한다. 너희가 하는 것이 아니다. 고난을 피해

달아나지 말고, 오히려 고난을 끌어안아라. 나를 따라오너라. 그러면 내가 방법을 일러 주겠다. 자기 스스로 세우려는 노력에는 아무 희망이 없다. 자기를 희생하는 것이야말로 너희 자신, 곧 너희의 참된 자아를 찾는 길이며, 나의 길이다. 원하는 것을 다 얻고도 참된 자기 자신을 잃으면 무슨 유익이 있겠느냐? 너희 목숨을 무엇과 바꾸겠느냐?

27-28 너희 힘으로 일을 벌이겠다고 그렇게 서두르지 마라. 순식간에 인자가 아버지의 모든 영광에 싸여 천사의 무리를 거느리고 올 것이다. 그때 너희는 받아야 할 모든 것을 선물로 받게 될 것이다. 이것은 믿을 수 없는 훗날의 이야기가 아니다. 여기 서 있는 너희 가운데 그런 일이 일어나는 것을 볼 사람들도 있다. 그들은 천국의 영광 가운데 있는 인자를 볼 것이다."

영광 가운데 계신 예수

17 1-3 엿새 후에, 그들 가운데 세 사람이 그 영광을 보았다. 예수께서 베드로와 야고보와 요한 형제를 데리고 높은 산에 올라가셨다. 그들 눈앞에서 그분의 모습이 완전히 변했다. 그분의 얼굴에서 햇빛이 쏟아져 나왔고, 그분의 옷은 빛으로 충만했다. 문득 그들은 모세와 엘리야도 거기에 함께 있어 그분과 깊은 대화를 나누고 있는 것을 알았다.

4 베드로가 불쑥 끼어들었다. "주님, 지금은 중대한 순간입

니다! 제가 이곳 산 위에 기념비 셋을 세우면 어떻겠습니까? 하나는 주님을 위해, 하나는 모세를 위해, 하나는 엘리야를 위해서 말입니다."

5 그가 이렇게 말을 하고 있는데, 빛처럼 환한 구름이 그들을 덮더니 구름 속 깊은 데서 한 음성이 들려왔다. "이는 내가 사랑으로 구별한 내 아들, 내 기쁨의 근원이다. 그의 말을 들어라."

6-8 그 소리를 들은 제자들은 너무나 두려워서, 얼굴을 땅에 대고 납작 엎드렸다. 예수께서 가까이 오셔서 그들에게 손을 대셨다. "두려워 마라." 그들이 눈을 떠서 사방을 둘러보니, 오직 예수밖에 보이지 않았다.

9 산을 내려오면서, 예수께서 그들에게 비밀을 지킬 것을 엄히 명하셨다. "너희가 본 것을 한 마디도 말하지 마라. 그러나 인자가 죽은 자들 가운데서 살아난 뒤에는 말해도 좋다." 10 중간에 제자들이 물었다. "종교 학자들은 왜 엘리야가 먼저 와야 한다고 말합니까?"

11-13 예수께서 대답하셨다. "엘리야가 와서 모든 것을 준비한다. 내가 너희에게 말하지만, 엘리야가 이미 왔으나 사람들이 그를 보고도 알아보지 못했다. 사람들이 그를 업신여겼고, 사람들이 인자도 똑같이 업신여길 것이다." 그제야 제자들은 예수께서 내내 세례자 요한을 두고 하신 말씀임을 깨달았다.

깨알만한 믿음만 있어도

¹⁴⁻¹⁶ 그들이 산 밑으로 내려오니, 사람들이 떼를 지어 기다리고 있었다. 그들이 다가가자, 한 남자가 무리 중에서 나와 무릎을 꿇고 간청했다. "주님, 제 아들을 불쌍히 여겨주십시오. 아들이 정신을 잃고 발작을 일으키며, 몹시 고통스러워하고 있습니다. 자주 불 속에 뛰어들기도 하고, 어떤 때는 물 속에 뛰어들기도 합니다. 주님의 제자들에게 데리고 왔지만, 그들은 속수무책입니다."

¹⁷⁻¹⁸ 예수께서 말씀하셨다. "하나님도 모르고 삶에 중심도 없는 세대여! 내가 같은 말을 몇 번이나 해야 하느냐? 얼마나 더 참아야 하느냐? 아이를 이리 데려오너라." 예수께서 괴롭히는 귀신에게 나가라고 명하셨다. 그러자 귀신이 나갔다. 그때부터 아이가 멀쩡해졌다.

¹⁹ 제자들이 예수와 따로 있게 되었을 때 물었다. "왜 저희는 쫓아내지 못했습니까?"

²⁰ "너희가 아직 하나님을 진지하게 대하지 않아서 그렇다." 예수께서 말씀하셨다. "여기 단순한 진리가 있다. 곧 너희에게 깨알만한 믿음만 있어도 너희가 이 산더러 '움직여라!' 하면 산이 움직일 것이다. 너희가 감당하지 못할 일은 아무것도 없다."

²²⁻²³ 그들이 갈릴리에 다시 모였을 때, 예수께서 말씀하셨다. "인자는 하나님과 관계하기를 원치 않는 사람들한테 넘겨질 것이다. 그들이 인자를 죽일 것이고, 인자는 사흘 후에

다시 살아날 것이다." 제자들은 몹시 두려워했다.

❧

²⁴ 그들이 가버나움에 이르자, 세금 징수원들이 베드로에게 와서 물었다. "당신네 선생님은 세금을 냅니까?"

²⁵ 베드로가 말했다. "물론입니다."

베드로가 집에 들어가자, 예수께서 먼저 물으셨다. "시몬아, 네 생각은 어떠냐? 왕이 세금을 거두면 누가 세금을 내느냐? 왕의 자녀들이냐, 백성이냐?"

²⁶⁻²⁷ 그가 대답했다. "백성입니다."

그러자 예수께서 말씀하셨다. "그럼 자녀들은 면제받는 것이 아니냐? 하지만 저들을 공연히 건드릴 것 없으니, 너는 호수에 가서 낚시를 던져 처음 무는 고기를 잡아 올려라. 고기의 입을 열면 동전 하나가 나올 것이다. 그것을 가져다가 세금 징수원들한테 주어라. 너와 내 몫으로 충분할 것이다."

하나님 나라에서 가장 큰 사람

18

¹ 그때에 제자들이 예수께 와서 물었다. "하나님 나라에서는 누가 최고 서열에 오릅니까?"

²⁻⁵ 예수께서 그 대답으로, 어린아이 하나를 불러다가 방 한가운데 세우고 말씀하셨다. "내가 단호하게 말한다. 처음으로 돌아가서 어린아이처럼 다시 시작하지 않는 한, 너희는

천국에 들어가는 것은 고사하고 천국을 보지도 못할 것이다. 누구든지 이 아이처럼 꾸밈없이 순진해지면, 하나님 나라에서 높은 서열에 들 것이다. 또한 너희가 나를 생각해서 어린아이 같은 사람을 받아들이면, 곧 나를 받아들이는 것과 같다.

6-7 그러나 너희가 그들을 괴롭히고 못살게 굴거나 그들의 순진한 믿음을 이용하면, 너희는 곧 후회하게 될 것이다. 그럴 바에는 차라리 너희 목에 맷돌을 달고 호수 한복판에 빠지는 편이 낫다. 이 어린아이처럼 하나님을 믿는 사람들을 괴롭히는 세상에 화가 있을 것이다! 그러잖아도 괴로움을 피할 수 없는데, 너희까지 더 힘들게 할 필요는 없다. 만일 그렇게 한다면, 그날이야말로 너희 최후의 날이다.

8-9 네 손이나 발이 하나님께 방해가 되거든, 찍어 내버려라. 손이나 발이 없더라도 살아 있는 것이, 두 손과 두 발을 보란 듯이 가지고서 영원히 불타는 용광로 속에 있는 것보다 낫다. 또 네 눈이 너를 하나님에게서 멀어지게 하거든, 뽑아 내버려라. 한 눈으로 살아 있는 것이, 지옥불 속에서 2.0 시력을 발휘하는 것보다 낫다.

10 너희는 이 어린아이처럼 믿는 사람들 중에 단 한 명이라도 업신여기지 않도록 조심하여라. 그들의 천사들이 하늘에서 항상 내 아버지와 대면하고 있음을 너희도 알지 않느냐?"

잃어버린 양 한 마리

12-14 "이렇게도 생각해 보아라. 어떤 사람에게 양 백 마리가 있는데 그중 하나가 길을 잃으면, 아흔아홉 마리를 두고 그 한 마리를 찾아 나서지 않겠느냐? 그러다가 찾으면, 제자리에 있던 아흔아홉 마리보다 그 한 마리를 더 애지중지하지 않겠느냐? 하늘에 계신 너희 아버지의 심정도 이와 같다. 그분은 이 순진하게 믿는 사람들 중에 한 사람이라도 잃는 것을 원치 않으신다.

15-17 함께 믿는 동료가 너에게 상처를 주거든, 가서 그에게 말하여 둘 사이에서 해결하여라. 그가 들으면, 너는 친구를 얻는 것이다. 그가 듣지 않거든, 다른 한두 사람을 데리고 가서 다시 말해 보아라. 증인이 있으면 일이 공정해질 것이다. 그래도 그가 듣지 않거든, 교회에 말하여라. 교회의 말도 듣지 않거든, 너는 처음부터 다시 시작해야 할 것이다. 그에게 회개의 필요성을 지적하고, 하나님의 용서하시는 사랑을 다시 베풀어야 한다.

18-20 무엇보다 진지하게 알아야 할 것이 있다. 땅에서 '예'는 하늘에서도 '예'이고, 땅에서 '아니요'는 하늘에서도 '아니요'이다. 너희가 서로에게 하는 말은 영원하다. 내가 진심으로 말한다. 너희 가운데 두 사람이 땅에서 어떤 일로 함께 모여서 기도하면, 하늘에 계신 내 아버지께서 행동을 취하실 것이다. 또한 너희 중에 두세 사람이 나 때문에 모이면, 나도 반드시 거기에 함께 있는 줄 알아라."

용서 이야기

²¹ 그때 베드로가 용기를 내어 물었다. "주님, 제게 상처를 주는 형제나 자매를 몇 번이나 용서해야 합니까? 일곱 번이면 되겠습니까?"

²² 예수께서 대답하셨다. "일곱 번이라! 어림도 없다. 일곱 번을 일흔 번이라도 그렇게 하여라.

²³⁻²⁵ 하나님 나라는 종들의 빚을 정산하기로 한 어떤 왕과 같다. 정산이 시작되자, 빚이 십억 원이나 되는 한 종이 왕 앞에 불려 왔다. 그는 빚을 갚을 수 없었으므로, 왕은 그 사람과 처자식과 살림을 몽땅 노예시장에 경매로 내다 팔라고 명했다.

²⁶⁻²⁷ 그 가련한 사람은 왕의 발 앞에 엎드려 애원했다. '조금만 시간을 주시면 다 갚겠습니다.' 애걸하는 그 모습이 딱했던 왕은, 빚을 탕감하고 그를 풀어 주었다.

²⁸ 그 종이 밖으로 나가자마자, 자기한테 십만 원을 빚진 동료 종과 마주쳤다. 그는 동료의 멱살을 잡고는 '당장 갚으라!'고 닦달했다.

²⁹⁻³¹ 그 가련한 사람은 엎드려 애원했다. '조금만 시간을 주면 다 갚겠네.' 그러나 그는 끄떡도 하지 않았다. 그는 동료를 잡아다가, 빚을 갚을 때까지 감옥에 가두었다. 이 모든 일을 지켜본 다른 종들이 이를 괘씸히 여겨 왕에게 낱낱이 아뢰었다.

³²⁻³⁵ 왕은 그 사람을 불러서 말했다. '이 악한 종아! 네가 나

에게 자비를 구하기에 나는 네 빚을 전부 탕감해 주었다. 그러면 너도 자비를 구하는 네 동료 종에게 자비를 베풀어야 마땅하지 않느냐?' 왕은 불같이 노하여, 그가 빚을 다 갚을 때까지 그를 엄하게 다루었다. 너희 각 사람이 자비를 구하는 사람을 조건 없이 용서하지 않으면, 하늘에 계신 내 아버지께서도 너희 각 사람에게 똑같이 하실 것이다."

이혼과 간음

19 ¹⁻² 예수께서 이 가르침을 마치시고, 갈릴리를 떠나 요단 강 건너편 유대 지방으로 지나가셨다. 그곳에서 큰 무리가 따라오자, 예수께서 그들을 고쳐 주셨다.

³ 하루는 바리새인들이 그분을 귀찮게 했다. "무엇이든 이유만 있으면 남자가 아내와 이혼하는 것이 율법에 맞습니까?"

⁴⁻⁶ 예수께서 대답하셨다. "너희는 창조주께서 본래 남자와 여자를 서로를 위해 지어 주신 것을 성경에서 읽어 보지 못했느냐? 그러므로 남자는 부모를 떠나 아내와 굳게 맺어져 한 몸이 된다. 더 이상 둘이 아니라 한 몸이다. 남자와 여자의 이 유기적인 연합은 하나님께서 창조하신 것이다. 그러니 누구도 그들을 갈라놓아서 그분의 작품을 모독해서는 안 된다."

⁷ 그들이 반박하며 쏘아붙였다. "그렇다면 모세는 왜 이혼 증서와 이혼 절차에 대한 지침을 주었습니까?"

⁸⁻⁹ 예수께서 말씀하셨다. "모세는 너희의 사악한 마음을 염

려해서 이혼을 규정했지만, 그것이 하나님의 처음 계획은 아니다. 너희는 처음 계획을 따라야 한다. 만일 너희가 정숙한 아내와 이혼하고 다른 여자와 결혼하면, 너희는 간음죄를 짓는 것이다. 다만 배우자가 간음을 저지른 경우는 예외다."

10 예수의 제자들이 이의를 달았다. "그것이 결혼의 조건이라면 우리는 막막합니다. 어쩌자고 결혼을 하겠습니까?"

11-12 예수께서 말씀하셨다. "누구나 다 결혼생활을 할 만큼 성숙한 것은 아니다. 결혼해서 살려면 어느 정도 자질과 은혜가 필요하다. 결혼은 모든 사람을 위한 것이 아니다. 나면서부터 결혼에 일절 관심이 없는 사람도 있다. 청혼을 받지 않거나 청혼에 응하지 않는 사람도 있다. 그런가 하면, 하나님 나라를 위해 결혼하지 않기로 결심하는 사람도 있다. 그러나 너희가 성숙하여 결혼의 큰 뜻에 이를 수 있겠거든, 그렇게 하여라."

부자와 하나님 나라

13-15 하루는 사람들이 예수께서 손을 얹어 기도해 주시기를 바라며, 그분께 아이들을 데려왔다. 하지만 제자들이 그들을 쫓아냈다. 그러자 예수께서 끼어드셨다. "아이들을 그냥 두어라. 나한테 오는 것을 막지 마라. 하나님 나라는 이 아이들과 같은 사람들로 이루어진다." 예수께서 아이들에게 손을 얹어 기도해 주신 뒤에 떠나셨다.

16 또 하루는 어떤 사람이 예수를 막아서며 물었다. "선생

님, 제가 무슨 선행을 해야 영원한 생명을 얻겠습니까?"

17 예수께서 말씀하셨다. "어째서 나에게 선한 것이 무엇인지 묻느냐? 선하신 분은 하나님 한분뿐이시다. 하나님의 생명에 들어가고 싶거든, 그분의 말씀대로 행하여라."

18-19 그 사람이 물었다. "구체적으로 어느 말씀입니까?"

예수께서 말씀하셨다. "살인하지 마라, 간음하지 마라, 도둑질하지 마라, 거짓말하지 마라, 네 부모를 공경하라, 그리고 네 자신을 사랑하듯이 네 이웃을 사랑하라."

20 그 젊은이가 말했다. "제가 그것들은 다 지켰습니다. 무엇을 더 해야 하겠습니까?"

21 예수께서 대답하셨다. "네게 있는 것 전부를 드리려거든, 가서 네 재산을 팔아서 가난한 사람들에게 다 주어라. 그러면 네 모든 부가 하늘에 있게 될 것이다. 그런 다음 와서 나를 따라라."

22 그것은 그 젊은이가 전혀 예상치 못한 말씀이었다. 그는 기운이 쭉 빠져 예수를 떠나갔다. 그는 많은 것을 움켜쥐고 있어서, 차마 그것을 놓을 수 없었다.

23-24 그가 떠나가는 모습을 보며, 예수께서 제자들에게 말씀하셨다. "부자가 하나님 나라에 들어가는 것이 얼마나 어려운지 아느냐? 내가 너희에게 말한다. 부자가 하나님 나라에 들어가는 것보다, 낙타를 급히 몰아 바늘귀를 통과하는 것이 더 쉽다."

25 제자들이 망연자실했다. "그러면 어느 누가 가망이 있겠

습니까?"

²⁶ 예수께서 그들을 유심히 바라보며 말씀하셨다. "너희 힘으로 해낼 수 있다고 생각하면 전혀 가망이 없다. 그러나 하나님께서 하실 수 있다고 믿으면 얼마든지 가능한 일이다."

²⁷ 그러자 베드로가 맞장구를 쳤다. "우리는 모든 것을 버리고 주님을 따랐습니다. 그래서 우리가 무엇을 얻겠습니까?"

²⁸⁻³⁰ 예수께서 대답하셨다. "그렇다. 너희는 나를 따랐다. 세상이 재창조되고 인자가 영광 가운데 다스릴 때, 나를 따르던 너희도 이스라엘 열두 지파를 시작으로 함께 다스릴 것이다. 너희뿐 아니라 누구든지 나 때문에 집이나 가족이나 땅이나 그 무엇이든 희생하는 사람은, 그 모든 것을 백배로 돌려받을 것이다. 영원한 생명을 덤으로 받을 것은 말할 것도 없다. 이것은 위대한 반전이다. 먼저였으나 나중 되고, 나중이었으나 먼저 될 사람이 많을 것이다."

위대한 반전

20

¹⁻² "하나님 나라는 아침 일찍 자기 포도원에서 일할 일꾼들을 고용하러 나간 재산 관리인과 같다. 일꾼들은 일당 오만 원에 합의하고 일하러 갔다.

³⁻⁵ 얼마 후 아홉 시쯤에, 관리인은 동네 공터에서 일없이 어슬렁거리고 있는 다른 사람들을 보았다. 그는 그들에게 자기 포도원에 가서 일하라고 하면서, 품삯을 상당히 쳐 주겠다고 했다. 그들은 일하러 갔다.

5-6 관리인은 정오에도, 그리고 세 시에도 똑같이 그렇게 했다. 다섯 시에 다시 나가 보니, 아직도 서성이는 사람들이 있었다. 그가 말했다. '당신들은 왜 하루 종일 하는 일 없이 서성거리고 있소?'

7 그들이 말했다. '아무도 우리를 써 주지 않아서 그렇습니다.' 관리인은 그들에게 자기 포도원에 가서 일하라고 했다.

8 드디어 하루 일이 끝나자, 포도원 주인이 작업반장에게 지시했다. '일꾼들을 불러서 품삯을 주어라. 나중에 고용한 사람부터 시작해서 먼저 온 사람까지 그렇게 하여라.'

9-12 다섯 시에 고용된 사람들이 와서 각각 오만 원씩 받았다. 먼저 고용된 사람들이 그것을 보고는, 자기들은 훨씬 더 받을 줄로 알았다. 그러나 그들도 똑같이 오만 원씩 받았다. 오만 원을 쥐고서 그들은 화가 나서 관리인에게 투덜거렸다. '마지막에 온 일꾼들은 고작 한 시간밖에 일하지 않았는데도, 하루 종일 땡볕에서 고생한 우리와 똑같이 대우했습니다.'

13-15 관리인은 모두를 대신해서 말한 그 일꾼에게 대답했다. '친구여, 나는 부당하게 하지 않았소. 우리는 품삯을 오만 원에 합의하지 않았소? 그러니 받아 가시오. 나는 맨 나중에 온 사람들에게도 당신들과 똑같이 주기로 정했소. 내 돈으로 내 마음대로 할 수도 없단 말이오? 내가 후하다고 해서 당신들이 인색해지려는 것이오?'

16 여기에 다시 한번 위대한 반전이 있다. 먼저였으나 나중되고, 나중이었으나 먼저 될 사람이 많을 것이다."

이 잔을 마실 수 있느냐

17-19 예수께서 예루살렘을 향해 한참을 가시다가, 열두 제자를 길가로 따로 불러 말씀하셨다. "내 말을 잘 들어라. 우리는 지금 예루살렘으로 올라가는 길이다. 그곳에 가면, 인자는 종교 지도자와 학자들에게 넘겨질 것이다. 그들은 인자에게 사형을 선고할 것이다. 그리고 인자를 로마 사람들에게 넘겨주어, 조롱하고 고문하고 십자가에 못 박을 것이다. 그러나 사흘째 되는 날에, 인자는 다시 살아날 것이다."

20 그때에 세베대의 아들들의 어머니가 두 아들과 함께 와서, 예수 앞에 무릎을 꿇고 청했다.

21 "무엇을 원하느냐?" 예수께서 물으셨다.

그 여인이 말했다. "제 두 아들에게 주님 나라에서 최고 영광의 자리를 주십시오. 하나는 주님 오른편에, 하나는 주님 왼편에 두시겠다고 약속해 주십시오."

22 예수께서 대답하셨다. "너희는 너희가 무엇을 구하는지 모른다." 그러고는 야고보와 요한에게 말씀하셨다. "내가 마시려는 잔을 너희가 마실 수 있겠느냐?"

그들이 말했다. "물론입니다. 왜 못 마시겠습니까?"

23 예수께서 말씀하셨다. "생각해 보니, 너희는 과연 내 잔을 마실 것이다. 그러나 영광의 자리를 주는 것은, 내 소관이 아니다. 내 아버지께서 하시는 일이다."

24-28 다른 열 제자가 이 대화를 듣고는 분통을 터뜨렸다. 두 형제에게 아주 정나미가 떨어졌다. 예수께서 그들을 불러

놓고 바로잡아 주셨다. "하나님을 모르는 통치자들이 얼마
나 위세를 부리며, 작은 권력에 얼마나 빨리 취하는지 너희
는 보았다. 너희는 그래서는 안된다. 누구든지 크고자 하면
섬기는 사람이 되어야 한다. 너희 가운데 누구든지 첫째가
되고자 하면, 먼저 종이 되어야 한다. 인자가 한 일이 바로
그것이다. 인자는 섬김을 받으러 온 것이 아니라, 섬기러 왔
다. 포로로 사로잡힌 많은 사람들을 살리기 위해 자기 목숨
을 내어주려고 왔다."

❖

²⁹⁻³¹ 그들이 여리고를 떠나려는데, 큰 무리가 따라왔다. 그
때 길가에 앉아 있던 눈먼 두 사람과 마주쳤다. 두 사람은
예수께서 지나가신다는 말을 듣고는 갑자기 소리쳤다. "주
님, 우리를 불쌍히 여겨 주십시오! 다윗의 자손이여, 불쌍
히 여겨 주십시오!" 무리가 그들을 조용히 시키려고 했으
나, 그들은 더 크게 소리쳤다. "주님, 우리를 불쌍히 여겨 주
십시오! 다윗의 자손이여, 불쌍히 여겨 주십시오!"
³² 예수께서 걸음을 멈추시고 그들을 부르셨다. "내게 무엇
을 원하느냐?"
³³ 그들이 말했다. "주님, 눈을 뜨기 원합니다. 보기 원합니다!"
³⁴ 예수께서 몹시 측은한 마음에, 그들의 눈을 만져 주셨다.
그들은 그 즉시 시력을 되찾았고, 행렬에 함께했다.

예루살렘 입성

21

1-3 일행이 예루살렘 가까이 와서 올리브 산 벳바게에 이르렀을 때, 예수께서 두 제자를 보내시며 지시하셨다. "맞은편 마을로 가거라. 거기에 나귀가 매여 있고 새끼도 함께 있을 것이다. 줄을 풀어서 내게로 끌고 오너라. 왜 그러느냐고 누가 묻거든, '주님께서 필요로 하십니다!' 하여라. 그러면 보내 줄 것이다."

4-5 이것은 일찍이 예언자가 다음과 같이 그려 낸 이야기의 전말이다.

시온의 딸에게 말하여라.
"보아라, 너의 왕이 오시는데
의연하게 준비된 모습으로
나귀를 타셨으니,
어린 나귀, 곧 짐 나르는 짐승의 새끼다."

6-9 제자들이 가서 예수께서 시키신 대로 했다. 그들이 나귀와 나귀 새끼를 끌어와서 그 위에 자기 옷을 펼치자, 예수께서 올라타셨다. 무리 가운데 있던 대부분의 사람들이 길 위에 자기 옷을 펼쳐 놓고 그분을 왕으로 맞이했다. 다른 사람들은 나뭇가지를 꺾어다가 길에다 깔며, 그분을 환영했다. 무리가 앞서가고 뒤따르면서 일제히 소리쳤다. "다윗의 자손께 호산나!" "복되다, 하나님의 이름으로 오시는 이여!"

"하늘 가장 높은 곳에서, 호산나!"

¹⁰ 예수께서 예루살렘에 들어가시자, 도시 전체가 동요했다. 사람들이 들떠서 물었다. "무슨 일이오? 이 사람이 누굽니까?"

¹¹ 행렬의 무리가 대답했다. "갈릴리 나사렛에서 나신 예언자 예수이십니다."

성전을 깨끗하게 하시다

¹²⁻¹⁴ 예수께서 곧바로 성전으로 가셔서, 상점을 차려 놓고 사고파는 사람들을 모두 쫓아내셨다. 고리대금업자들의 가판대와 비둘기 상인들의 진열대도 뒤엎으셨다. 예수께서 다음 말씀을 인용하셨다.

    내 집은 기도하는 집이라고 일컬어졌다.
    그런데 너희는 그곳을 도둑의 소굴로 만들어 버렸다.

그제야 눈먼 사람과 다리를 저는 사람들이 들어설 자리가 생겼다. 그들이 예수께 오니, 예수께서 그들을 고쳐 주셨다.

¹⁵⁻¹⁶ 종교 지도자들은 예수께서 하시는 엄청난 일들을 보고, 또 성전에서 내달리며 "다윗의 자손께 호산나!" 하고 외치는 아이들의 소리를 듣고는 발끈하여 예수께 따졌다. "이 아이들이 뭐라고 말하는지 듣고 있소?"

예수께서 말씀하셨다. "물론 듣고 있다. 너희는 '내가 아이

들과 아기들의 입에서 나오는 말로 찬양의 집을 꾸미겠다'
고 하신 말씀을 읽어 보지 못하였느냐?"

¹⁷ 예수께서 진저리를 내시며, 돌아서서 그 도성을 떠나셨
다. 베다니로 가서서, 그곳에서 밤을 지내셨다.

말라 버린 무화과나무

¹⁸⁻²⁰ 이튿날 아침 일찍 다시 그 도성으로 가시는데, 예수께
서 배가 고프셨다. 예수께서 길가에 있는 무화과나무 한 그
루를 보시고, 무화과로 아침 끼니를 때울까 하여 가까이 다
가가셨다. 나무 옆에 가서 보니, 무화과 잎사귀밖에 없었다.
예수께서 "이제부터 이 나무에 영원히 무화과가 열리지 않
을 것이다!" 하고 말씀하셨다. 그 즉시 무화과나무가 마른
막대기처럼 말라 버렸다. 이것을 본 제자들이 눈을 비비며
말했다. "우리가 본 것이 정말인가? 방금 전까지도 잎이 무
성한 나무였는데, 금세 마른 막대기가 되다니!"

²¹⁻²² 예수께서 차분히 말씀하셨다. "그렇다. 너희가 이 천국
의 삶을 품고 하나님을 의심하지 않으면, 너희도 내가 무화
과나무에 한 것처럼 작은 일들을 행하고, 또한 큰 장애물까
지 극복하게 될 것이다. 예컨대, 너희가 이 산더러 '가서 호
수에 뛰어들어라' 하고 말하면, 산이 뛰어들 것이다. 너희가
믿음으로 기도하고 하나님을 붙들기만 하면, 작은 일에서
큰 일까지 모든 일이 다 그렇게 될 것이다."

누구에게서 온 권한인가

²³ 이후에 예수께서 다시 성전에서 가르치고 계셨다. 대제사장과 백성의 지도자들이 다가와서 따졌다. "당신의 신임장을 보여주시오. 누구의 권한으로 여기서 가르치는 겁니까?" ²⁴⁻²⁵ 예수께서 대답하셨다. "먼저 한 가지 묻겠다. 너희가 내 물음에 답하면 나도 너희 물음에 답하겠다. 요한의 세례에 관한 것인데, 그것이 누구에게서 온 권한이냐? 하늘이냐, 사람이냐?"

²⁵⁻²⁷ 그들은 자기들이 궁지에 몰린 것을 알아차리고는, 뒤로 물러나와 모여서 수군거렸다. "하늘이라고 하면 왜 요한을 믿지 않았느냐고 물을 것이고, 사람이라고 하면 온 백성이 요한을 예언자로 떠받드니 우리가 백성 앞에서 몹시 난처해진다." 그들은 이번은 예수께 양보하기로 했다. "우리는 모르오." 그들이 대답했다.

예수께서 말씀하셨다. "그렇다면 나도 너희의 물음에 대답하지 않겠다."

두 아들 이야기

²⁸ "이 이야기를 듣고 너희 생각을 말해 보아라. 어떤 사람에게 두 아들이 있었다. 그가 큰아들한테 가서 말했다. '얘야, 오늘 포도원에 가서 일하여라.'

²⁹ 아들은 '싫습니다' 하고 대답했다. 그러나 나중에 생각을 고쳐먹고 포도원으로 갔다.

³⁰ 아버지가 작은아들에게도 똑같이 명했다. 그 아들이, 대답은 '그럼요, 가고 말고요' 해놓고 실제로는 가지 않았다.

³¹⁻³² 두 아들 가운데 아버지가 하라는 대로 한 사람은 누구냐?"

그들이 말했다. "큰아들입니다."

예수께서 말씀하셨다. "맞다. 내가 너희에게 말한다. 사기꾼과 매춘부들이 너희보다 먼저 하나님 나라에 들어갈 것이다. 요한이 와서 너희에게 바른 길을 보여주었다. 너희는 그에게 코웃음을 쳤으나, 사기꾼과 매춘부들은 그를 믿었다. 그들의 달라진 삶을 보았으면서도, 너희는 도무지 그를 믿고 달라질 생각이 없었다."

욕심 가득한 소작농들 이야기

³³⁻³⁴ "여기 다른 이야기가 있다. 잘 들어라. 어떤 부자 농부가 포도원을 세웠다. 그는 포도원에 울타리를 치고 포도즙 짜는 틀을 파고 망대를 세운 다음에, 소작농들에게 맡기고 먼 길을 떠났다. 포도를 수확할 때가 되자, 그는 수익을 거두려고 자기 종들을 보냈다.

³⁵⁻³⁷ 소작농들은 종 하나를 잡아서 마구 때렸고, 다른 종은 죽였고, 또 다른 종을 돌로 쳤으나, 그는 겨우 도망쳤다. 주인은 다시 종들을 더 많이 보냈다. 그들도 똑같은 대우를 받았다. 주인은 속수무책이었다. 그는 자기 아들을 보내기로 했다. '저들이 내 아들만큼은 존중하겠지' 하고 생각했던 것이다.

³⁸⁻³⁹ 그러나 아들이 오는 것을 본 소작농들은, 욕심이 가득하여 두 손을 비볐다. '이 자는 상속자다! 그를 죽이고 우리가 재산을 다 차지하자.' 그들은 그 아들을 잡아서 밖으로 내쫓고는, 죽여 버렸다.

⁴⁰ 자, 포도원 주인이 먼 길에서 돌아오면, 이 소작농들에게 어떻게 할 것 같으냐?"

⁴¹ "그 못된 일당을 죽일 것입니다. 죽어 마땅한 자들입니다." 그들이 대답했다. "그리고 포도원은 제때에 수익을 바칠 만한 소작농들한테 맡길 것입니다."

⁴²⁻⁴⁴ 예수께서 말씀하셨다. "맞다. 너희가 성경을 직접 읽어보면 알 것이다.

석공들이 내버린 돌이
이제 모퉁잇돌이 되었다.
이것은 하나님께서 행하신 일,
눈을 씻고 보아도 신기할 따름이다!

너희한테도 똑같다. 하나님 나라를 너희에게서 빼앗아, 그 나라의 삶을 살아갈 사람들한테 넘겨줄 것이다. 누구든지 이 돌에 걸려 넘어지는 사람은 부서질 것이요, 이 돌이 그 사람 위에 떨어지면 그는 완전히 가루가 될 것이다."

⁴⁵⁻⁴⁶ 종교 지도자들은 이 이야기를 듣고서, 그것이 자기들을 두고 한 말임을 알았다. 그들은 예수를 체포해 감옥에 가두

고 싶었으나, 여론이 두려워 참았다. 대부분의 사람들이 예수를 하나님의 예언자로 알았던 것이다.

결혼잔치 이야기

22 1-3 예수께서 이야기를 더 들려주시면서 대답하셨다. "하나님 나라는 자기 아들을 위해 결혼잔치를 베푼 어떤 왕과 같다. 왕은 종들을 보내 초대받은 손님들을 모두 부르게 했다. 그런데 손님들이 오려고 하지 않았다!

4 왕은 다시 종들을 보내며, 손님들에게 이렇게 말하라고 지시했다. '식탁에 진수성찬을 차려 놓았으니, 오셔서 드시기만 하면 됩니다. 잔치에 오십시오!'

5-7 그러나 사람들은 무시하고 가 버렸다. 한 사람은 밭에 김매러 갔고, 또 다른 사람은 가게에 일하러 갔다. 딱히 할 일도 없었던 나머지는, 그 심부름꾼들을 두들겨 패서 죽였다. 왕은 격노하여 군인들을 보내서, 그 살인자들을 죽이고 도시를 쓸어버렸다.

8-10 그러고 나서 왕이 종들에게 말했다. '결혼잔치는 다 준비되었는데 손님이 없구나. 내가 초대했던 사람들은 자격이 없다. 시내에서 가장 번잡한 거리로 나가, 아무나 만나는 대로 잔치에 초대하여라.' 종들은 거리로 나가 착한 사람, 못된 사람 할 것 없이 아무나 보이는 대로 사람들을 모아 왔다. 드디어 자리가 다 차서, 잔치가 시작되었다.

11-13 왕이 들어와 장내를 둘러보니, 예복을 입지 않은 사람이 눈에 띄었다. 왕이 그에게 말했다. '친구여, 감히 어떻게 그런 모습으로 여기에 들어왔느냐!' 그 사람은 아무 말도 못했다. 그러자 왕이 종들에게 명했다. '이 사람을 여기서 당장 끌어내라. 묶어서 지옥으로 보내라. 절대로 다시 오지 못하게 하여라.'

14 '초대받은 사람은 많지만, 오는 사람은 얼마 되지 않는다'는 내 말이 바로 이런 뜻이다."

황제의 것, 하나님의 것

15-17 그때에 바리새인들이 예수로 하여금 뭔가 불리한 발언을 하게 해서 그를 올무에 걸리게 할 방도를 의논했다. 그들은 자기네 제자들을 헤롯의 당원 몇 사람과 함께 보내어 물었다. "선생님, 우리가 알기로 당신은 진실하고, 하나님의 도를 정확히 가르치고, 여론에 개의치 않으며, 배우는 사람들의 비위를 맞추지 않습니다. 그러니 우리한테 솔직히 말해 주십시오. 황제에게 세금을 내는 것이 옳습니까, 옳지 않습니까?"

18-19 예수께서 그들이 수작을 부리고 있음을 아시고 말씀하셨다. "왜 나를 속이려고 드느냐? 왜 나를 함정에 빠뜨리려고 하느냐? 너희에게 동전이 있느냐? 내게 보여라." 그들이 그분께 은화 하나를 건넸다.

20 "여기 새겨진 얼굴이 누구의 얼굴이냐? 그리고 이 위에

있는 것이 누구 이름이냐?"

²¹ 그들이 말했다. "황제입니다."

"그렇다면 황제의 것은 황제에게 주고, 하나님의 것은 하나
님께 드려라."

²² 바리새인들은 말문이 막혔다. 그들은 고개를 절레절레 흔
들며 가 버렸다.

부활에 관한 가르침

²³⁻²⁸ 같은 날, 부활의 가능성을 일절 부인하는 사두개파 사
람들이 예수께 다가와서 물었다. "선생님, 모세는 말하기
를, 남자가 자식 없이 죽으면 그 동생이 형수와 결혼해서 자
식을 낳아 줄 의무가 있다고 했습니다. 여기 일곱 형제의 사
례가 있습니다. 맏이가 결혼했는데, 자식 없이 죽어서 그 아
내가 동생에게 넘어갔습니다. 둘째도 자식 없이 죽었고, 셋
째부터 일곱째까지 다 그러했습니다. 마지막에는 여자도 죽
었습니다. 우리의 질문은 이것입니다. 이 여자는 일곱 형제
모두의 아내였는데, 부활 때에는 누구의 아내가 됩니까?"

²⁹⁻³³ 예수께서 대답하셨다. "너희는 두 가지를 크게 잘못 생
각하고 있다. 너희는 성경을 모르고, 하나님께서 일하시는
방식을 모른다. 부활 때에는 결혼할 일이 없다. 그때 사람들
은 천사들처럼 되어서, 하나님과 최고의 기쁨과 친밀감을
나눌 것이다. 그리고 죽은 사람의 부활 여부를 둘러싼 너희
추측에 관한 것인데, 너희는 성경도 읽지 않느냐? 하나님께

서는 분명히 현재 시제로 '나는 아브라함의 하나님, 이삭의 하나님, 야곱의 하나님이다'라고 말씀하셨다. '이었다'라고 말씀하지 않으셨다. 살아 계신 하나님은, 자신을 죽은 자의 하나님이 아니라 산 자의 하나님으로 정의하신다." 이 대화를 듣던 무리가 깊은 감동을 받았다.

가장 중요한 계명

34-36 예수께서 사두개인들을 압도하셨다는 말을 들은 바리새인들이, 힘을 모아 공격에 나섰다. 그중에 한 종교 학자가 대표로 나서서, 그분을 무안하게 할 만하다고 여긴 질문을 던졌다. "선생님, 하나님의 율법에서 어느 계명이 가장 중요합니까?"

37-40 예수께서 말씀하셨다. "'네 열정과 간구와 지성을 다해 주 너의 하나님을 사랑하라.' 이것이 가장 중요하고, 으뜸가는 계명이다. 그리고 그 옆에 나란히 두어야 할 두 번째 계명이 있다. '네 자신을 사랑하는 것같이 다른 사람을 사랑하라.' 이 두 계명은 쐐기못과 같다. 하나님의 율법과 예언서의 모든 것이 이 두 계명에 달려 있다."

그리스도가 다윗의 자손인가

41-42 바리새인들이 다시 모이자, 이번에는 예수께서 시험하는 질문으로 그들의 허를 찌르셨다. "너희는 그리스도를 어떻게 생각하느냐? 그가 누구의 자손이냐?" 그들이 "다윗의

자손입니다" 하고 말했다.

43-45 예수께서 되받으셨다. "그리스도가 다윗의 자손이라면, 다윗이 영감을 받아서 그리스도를 자신의 '주님'이라고 부른 사실을 너희는 어떻게 설명하겠느냐?

> 하나님께서 내 주님께 말씀하셨다.
> "내가 네 원수들을 네 발판으로 삼을 때까지
> 너는 여기 내 오른편에 앉아 있어라."

다윗이 그를 '주님'이라고 부르는데, 그가 어떻게 동시에 다윗의 자손이 될 수 있느냐?"

46 문자주의자인 그들은 거기서 막혔다. 그들은 남들이 보는 변론에서 또다시 체면을 잃기 싫어, 아예 질문하는 것을 그만두었다.

종교의 패션쇼

23
1-3 이제 예수께서 제자들과 그 곁에 함께 모인 무리를 보시며 말씀하셨다. "종교 학자와 바리새인들은 하나님의 율법에 관해서라면 유능한 교사들이다. 모세에 관한 그들의 가르침을 따른다면 너희는 잘못될 일이 없을 것이다. 그러나 그들을 따르는 것은 조심하여라. 그들이 말은 잘하지만, 그 말대로 살지는 않는다. 그들은 그것을 마음에 새겨 행동으로 옮기지 않는다. 모두 겉만 번지르르

한 가식이다.

4-7 그들은 하나님의 율법을 하나님의 잔칫상에서 먹고 마시는 양식과 음료로 제시하지 않고 규칙 다발로 묶어서는, 마치 말이나 소에게 하듯 너희에게 잔뜩 짐을 지운다. 그들은 너희가 그 짐을 지고 비틀거리는 모습을 보면서 즐거워하는 것 같고, 손가락 하나라도 까딱하여 도와줄 생각은 하지 않는다. 그들의 삶은 끝없는 패션쇼다. 오늘은 수놓은 기도 숄을 두르고, 내일은 현란한 기도를 올린다. 그들은 교회 식사 때 상석에 앉고 가장 중요한 자리를 차지하며, 사람들의 치켜세우는 말에 우쭐하면서 명예학위를 받고 '박사님'과 '목사님'으로 불리기를 좋아한다.

8-10 너희는 사람들에게 그런 대접을 받지 않도록 하여라. 사람들이 너희를 우러러보지 말게 하여라. 너희 모두에게 스승은 한분이시며, 너희는 다 동급생이다. 사람들을 너희 삶의 전문가로 여긴 나머지, 그들이 시키는 대로 하지 마라. 그 권위는 하나님의 몫으로 남겨 두고, 그분이 명하시는 대로 하여라. 어느 누구도 '아버지'로 불려서는 안된다. 너희 아버지는 오직 한분이시며, 그분은 하늘에 계신다. 또 사람들의 술책에 넘어가 그들의 지도자가 되지 마라. 너희에게나 그들에게나 인생의 스승은 오직 한분, 그리스도뿐이시다.

11-12 돋보이고 싶으냐? 그러면 내려서서, 종이 되어라. 목에 너무 힘을 주면, 결국 숨이 턱에 차서 쓰러지고 만다. 그러

나 너희가 너희 있는 모습 그대로를 기꺼이 인정하면, 너희 삶은 더욱 가치 있게 될 것이다."

사기꾼들아!

¹³ "나는 이제 너희라면 지긋지긋하다! 너희 종교 학자들아, 바리새인들아, 사기꾼들아! 너희는 도무지 구제 불능이구나! 너희 삶은 하나님 나라의 길을 막는 장애물이다. 너희도 들어가지 않으면서, 다른 누구도 들어가지 못하게 하는구나.

¹⁵ 너희 종교 학자들아, 바리새인들아, 사기꾼들아! 너희는 도무지 구제 불능이구나! 너희는 회심자 하나를 얻으려고 세상을 반 바퀴나 돌다가 일단 얻으면, 그를 너희 복제품으로 만들어서 갑절로 저주받게 하는구나.

¹⁶⁻²² 너희는 도무지 구제 불능이구나! 얼마나 교만하고 미련하냐! 너희는 '새끼 손가락 걸고 약속하면 아무것도 아니지만 성경책에 손을 얹고 맹세하면 중요하다'고 말한다. 이 무슨 무식한 소리냐! 성경책 가죽이 네 손의 살가죽보다 더 중요하단 말이냐? 또 '악수하면서 약속하면 아무것도 아니지만, 하나님을 증인 삼아 손을 들면 중요하다'는 말 같지도 않은 말은 어떠냐? 이런 하찮은 것이나 따지고 있으니 얼마나 우스우냐! 악수를 하든 손을 들든, 무엇이 다르단 말이냐? 약속은 약속이다. 예배당 안에서 하든 밖에서 하든, 무엇이 다르단 말이냐? 약속은 약속이다. 하나님은 언제나 그 자리에 계셔서, 너희를 지켜보시며 너희에게 책임을 물으신다.

23-24 너희 종교 학자들아, 바리새인들아, 사기꾼들아! 너희는 도무지 구제 불능이구나! 너희는 꼼꼼히 장부를 적어 가며 동전 하나까지 십일조를 내지만, 하나님 율법의 알맹이인 공평과 긍휼과 헌신과 같은 절대적인 기초는 이래도 그만 저래도 그만, 안중에도 없다. 정성스런 장부 정리도 좋다만, 기초는 반드시 필요하다. 처음부터 끝까지 다 틀려먹은 인생 이야기를 쓰면서 시시콜콜 맞춤법과 구두점을 따지고 있으니, 너희 꼴이 얼마나 우스운지 알기나 하느냐?

25-26 너희 종교 학자들아, 바리새인들아, 사기꾼들아! 너희는 도무지 구제 불능이구나! 너희는 햇빛에 반짝이도록 컵과 그릇의 겉에 광을 내지만, 그 속에는 너희의 탐욕과 탐심이 득실거린다. 미련한 바리새인들아! 속을 깨끗이 닦아라. 그래야 반짝이는 겉도 의미 있을 것이다.

27-28 너희 종교 학자들아, 바리새인들아, 사기꾼들아! 너희는 도무지 구제 불능이구나! 너희는 잘 가꾼 묘지처럼 잔디도 가지런하고 꽃도 화사하다만, 2미터 아래 땅속에는 온통 썩어 가는 뼈와 벌레가 파먹은 살뿐이다. 사람들은 너희를 보며 거룩한 사람인 줄 알지만, 속을 들여다보면 너희는 완전히 사기꾼이다.

29-32 너희 종교 학자들아, 바리새인들아, 사기꾼들아! 너희는 도무지 구제 불능이구나! 너희는 예언자들을 위해 화강암 무덤을 쌓고, 성인들을 위해 대리석 기념비를 세운다. 그러고는 만일 너희가 너희 조상들의 시대에 살았더라면,

손에 피를 묻히지 않았을 것이라고 말한다. 말이 지나치다! 너희도 그 살인자들과 근본이 똑같다. 그래서 죽은 사람들의 수가 날마다 늘어나는 것이다.

33-34 뱀들아! 비열한 뱀들아! 너희가 여기서 벗어날 수 있을 것 같으냐? 벌을 받지 않아도 될 성 싶으냐? 바로 너희 같은 사람들 때문에 내가 예언자와 지혜로운 길잡이와 학자들을 대대로 보냈건만, 너희는 대대로 그들을 업신여기고 폭력배들을 보내 그들을 구박하며 쫓아낸다.

35-36 너희가 아무리 발버둥쳐도 여기서 빠져나갈 수 없다. 선한 사람 아벨의 피에서부터 기도중에 너희에게 죽임을 당한 바라갸의 아들 사가랴의 피까지, 이 땅에 흘린 의로운 피 한 방울 한 방울이 다 너희 책임이다. 내가 너희에게 말한다. 이 모두가 너희에게, 너희 세대에게 돌아갈 것이다.

37-39 예루살렘아! 예루살렘아! 예언자들을 죽인 너희여! 하나님의 소식을 가져온 이들을 죽인 너희여! 암탉이 제 새끼를 날개 아래 모으듯이 내가 너희 자녀를 애써 품으려 했건만, 너희가 거절한 적이 얼마나 많으냐? 이제 너희는 황폐할 대로 황폐해져서 한갓 유령 도시가 되고 말았다. 무슨 말을 더 하겠느냐? 내가 곧 여기를 떠나겠다는 이 말뿐이다. 다음번에 나를 볼 때에 너희는 '오, 하나님의 복되신 분! 그가 하나님의 통치를 가지고 오셨다!' 하고 말하게 될 것이다."

사이비 종말론자들

24 ¹⁻² 예수께서 성전을 떠나셨다. 예수께서 가시는 데, 제자들이 성전 건물이 얼마나 장관인지 가리켜 보였다. 그러자 예수께서 말씀하셨다. "너희가 고작 이 모든 규모에 감동하느냐? 사실을 말하면, 저 성전의 돌 하나하나가 결국 잔해 더미가 되고 말 것이다."

³ 나중에 예수께서 올리브 산에 앉으셨을 때에 제자들이 다가와 물었다. "우리에게 말씀해 주십시오. 그런 일이 언제 일어나겠습니까? 주님이 오실 때에 어떤 징조가 있겠습니까?"

⁴⁻⁸ 예수께서 말씀하셨다. "사이비 종말론자들을 조심하여라. 많은 지도자들이 정체를 숨기고 나타나서, '내가 그리스도다, 메시아다' 하고 주장할 것이다. 그들이 많은 사람들을 현혹할 것이다. 전쟁 소식을 듣거나 전쟁이 일어나리라는 소문을 듣거든, 당황하지 말고 침착하여라. 그것은 역사에 늘 반복되는 일일 뿐, 아직 종말의 징조는 아니다. 나라와 나라가 싸우고 통치자와 통치자가 싸우는 일이 계속될 것이다. 곳곳마다 기근과 지진이 있을 것이다. 그러나 이것은 앞으로 닥칠 일에 비하면 아무것도 아니다.

⁹⁻¹⁰ 사람들이 너희를 이리 떼에게 던져 죽일 것이며, 내 이름을 전한다는 이유로 모두가 너희를 미워할 것이다. 거기다 세상이 살벌해져서, 모두가 서로 물고 뜯으며 미워할 것이다.

11-12 그 혼란을 틈타 거짓 설교자들이 나와서 많은 사람들을 속일 것이다. 걷잡을 수 없이 퍼져 나가는 악이 또 다른 많은 사람들을 파멸에 빠뜨려서, 사랑은 간 곳 없고 잿더미만 남을 것이다.

13-14 그대로 견뎌라. 그것이 하나님께서 바라시는 일이다. 끝까지 견뎌라. 그러면 너희는 절대 후회하지 않을 것이고, 결국 구원을 받을 것이다. 그 모든 시간 동안 복된 소식, 곧 천국의 메시지가 온 세상에 전파되고, 나라마다 증인이 파견될 것이다. 그러고 나서야 끝이 올 것이다."

큰 환난의 날

15-20 "그러나 거룩한 것을 더럽히는 괴물이 성전 성소에 세워진 것을 보거든, 얼른 달아나거라. 예언자 다니엘이 이것을 말했다. 너희가 다니엘서를 읽으면, 내가 무슨 말을 하는지 알 것이다. 그때에 너희가 유대에 살고 있거든, 산으로 달아나거라. 마당에서 일하고 있거든, 무엇을 가지러 집으로 돌아가지 마라. 밭에 나가 있거든, 겉옷을 가지러 돌아가지 마라. 특히 임신부와 젖 먹이는 어머니들이 힘들 것이다. 이 일이 겨울이나 안식일에 일어나지 않기를 바라고 기도하여라.

21-22 이렇게 큰 환난은, 이 세상 전에도 없었고 앞으로도 없을 것이다. 이 환난의 날들을 갈 데까지 가게 둔다면, 아무도 견딜 수 없을 것이다. 그러나 하나님께서 택하신 백성을 위해 환난을 덜어 주실 것이다."

그날과 그때는 아무도 모른다

²³⁻²⁵ "누가 너희를 막아서서 '메시아가 여기 있다!' 소리치거나, '그분이 저기 있다!'고 가리켜도 속지 마라. 가짜 메시아와 거짓 설교자들이 곳곳에서 출현할 것이다. 그들은 대단한 이력과 현란한 업적으로, 알 만한 사람들의 눈까지 속일 것이다. 그러나 내가 너희에게 충분히 경고했다.

²⁶⁻²⁸ 그러니 사람들이 말하기를, '시골로 달려가자. 그분이 오신다!' 하거나 '서둘러 시내로 가자. 그분이 오신다!'고 해도 거들떠보지 마라. 너희가 보러 간다고 해서 인자의 오심을 볼 수 있는 것이 아니다. 인자는 번개처럼 눈 깜짝할 순간에 너희에게 오신다! 사람들이 떼를 지어 모여드는 것을 볼 때마다, 너희는 썩어 가는 시체 위에 날아와 빙빙 맴도는 독수리를 생각하여라. 그 무리를 끌어 모으는 것이 살아 계신 인자가 아님을 얼마든지 확신해도 좋다.

²⁹ 그 괴로운 시간들이 지나면,

해는 어두워지고
달은 흐려지고
별들은 하늘에서 떨어지고
우주의 세력들은 떨 것이다.

³⁰⁻³¹ 그때에야, 인자가 올 것이다! 인자가 오는 것이 온 하늘에 가득하여, 보지 못할 사람이 아무도 없을 것이다. 준비

되지 못한 온 세상 사람들, 영광과 권능 바깥에 있는 사람들은, 하늘에서 빛을 발하는 인자를 보며 크게 통곡할 것이다. 바로 그 순간에, 인자는 울려 퍼지는 나팔소리와 함께 천사들을 보내어, 하나님께서 택하신 사람들을 이 끝에서 저 끝까지 사방에서 불러들일 것이다.

32-35 무화과나무에서 교훈을 얻어라. 싹이 나서 초록빛이 살짝만 내비쳐도, 너희는 여름이 가까이 다가온 줄 안다. 너희도 마찬가지다. 이 모든 일을 보거든 인자가 문 앞에 온 줄 알아라. 이것은 가볍게 여길 일이 아니다. 내가 지금 하는 말은, 어느 훗날의 세대에게만 주는 말이 아니라 너희 모두에게도 주는 말이다. 이런 일들이 다 일어나지 않고서는, 이 시대가 끝나지 않는다. 하늘과 땅은 닳아 없어져도, 내 말은 닳아 없어지지 않을 것이다.

36 그렇다면 정확한 날짜와 시간은 언제인가? 그것은 아무도 모른다. 하늘의 천사들도 모르고, 아들인 나도 모른다. 오직 아버지만 아신다.

37-39 인자가 오는 것도 노아의 때와 같을 것이다. 대홍수 전에, 노아가 방주에 오르던 그날까지도 사람들은 모두 평소처럼 지내며 시시덕거리고 즐겼다. 홍수가 나서 모든 것을 쓸어버릴 때까지, 그들은 아무것도 몰랐다.

39-44 인자가 오는 것도 그와 같을 것이다. 두 남자가 밭에서 일하는데, 한 사람은 데려가고 다른 한 사람은 남겨질 것이다. 두 여자가 맷돌을 갈고 있는데, 한 사람은 데려가고 다

른 한 사람은 남겨질 것이다. 그러니 정신 차리고 깨어 있어라. 너희 주님께서 어느 날에 오실지 모른다. 그러나 너희는 반드시 알아 두어라. 만일 집주인이 밤 몇 시에 도둑이 들지 미리 알았다면, 개들을 데리고 있다가 침입을 막았을 것이다. 너희도 그렇게 대비하고 있어라. 인자가 언제 나타날지 너희는 모른다.

⁴⁵⁻⁴⁷ 주방을 책임질 자격을 갖춘 사람이 누구냐? 날마다 제때에 일꾼들에게 음식을 내는, 주인이 믿을 만한 사람이다. 주인이 불시에 들이닥쳐도 늘 제 본분을 다하고 있는 사람이다. 내가 너희에게 말한다. 그런 사람은 하나님께 복 받은 사람이다. 머잖아 주인이 온 집안을 그 사람에게 맡길 것이다.

⁴⁸⁻⁵¹ 그러나 그 사람이 자기밖에 모른 채, 주인이 나가자마자 제멋대로 하고 일꾼들을 학대하고 친구들을 데려다가 술판을 벌인다면, 생각지도 못한 때에 주인이 나타나서 그를 엄벌에 처할 것이다. 그는 결국 위선자들과 함께 쓰레기 더미에 나앉아, 바깥 추운 데서 떨며 이를 덜덜거릴 것이다."

열 처녀 이야기

25

¹⁻⁵ "하나님 나라는 등잔을 들고 신랑을 맞으러 나간 열 처녀와 같다. 다섯은 미련하고 다섯은 똑똑했다. 미련한 처녀들은 여분의 기름 없이 등잔만 가져갔다. 똑똑한 처녀들은 등잔에 넣을 기름을 병에 담아 가져갔다. 예정된 시간에 신랑이 오지 않자, 그들은 모두 잠이 들었다.

⁶ 한밤중에 누군가 소리쳤다. '그가 왔다! 신랑이 왔다! 나가서 그를 맞아라!'

⁷⁻⁸ 열 처녀는 일어나 등잔을 준비했다. 미련한 처녀들이 똑똑한 처녀에게 말했다. '우리 등잔이 꺼지려고 하니 기름을 좀 빌려다오.'

⁹ 똑똑한 처녀들이 대답했다. '다 같이 쓰기에는 부족할 것 같으니, 가서 사거라.'

¹⁰ 미련한 처녀들이 기름을 사러 나갔다. 그런데 그 사이에 신랑이 온 것이다. 신랑을 맞으려고 그곳에 있던 사람들은 모두 결혼잔치에 들어갔고, 문이 잠겼다.

¹¹ 한참 후에 미련한 처녀들이 와서 문을 두드리며 말했다. '주님, 우리가 왔습니다. 들여보내 주십시오.'

¹² 그가 대답했다. '너희가 나를 아느냐? 나는 너희를 모른다.'

¹³ 그러니 깨어 있어라. 그가 언제 올지 모른다."

투자금 이야기

¹⁴⁻¹⁸ "천국은 또 장시간 여행을 떠나는 어떤 사람과 같다. 그는 종들을 한데 불러서 책임을 맡겼다. 그는 각자의 능력에 따라 한 종에게는 오천만 원을, 다른 종에게는 이천만 원을, 세 번째 종에게는 천만 원을 주고 떠났다. 첫 번째 종은 즉시 가서 일하여 주인의 투자금을 두 배로 늘렸다. 두 번째 종도 똑같이 했다. 그러나 천만 원을 받은 종은 구덩이를 파고 그 속에 주인의 돈을 잘 묻어 두었다.

¹⁹⁻²¹ 오래 자리를 비운 끝에, 세 종의 주인이 돌아와서 그들과 계산을 했다. 오천만 원을 받은 종은 투자금을 어떻게 두 배로 늘렸는지 주인에게 설명했다. 주인이 그를 칭찬했다. '수고했다! 일을 잘했구나! 지금부터 내 동업자가 되어라.'

²²⁻²³ 이천만 원을 받은 종도 주인의 투자금을 어떻게 두 배로 늘렸는지 설명했다. 주인이 그를 칭찬했다. '수고했다! 일을 잘했구나! 지금부터 내 동업자가 되어라.'

²⁴⁻²⁵ 천만 원을 받은 종이 말했다. '주인님, 제가 알기로 당신은 기준이 높고 경거망동을 싫어하며 최선을 요구하고 실수를 용납하지 않습니다. 저는 당신을 실망시킬까 봐 두려워서, 숨겨 두기 적당한 곳을 찾아 돈을 잘 보관했습니다. 여기, 일 원 한푼 축내지 않고 고스란히 가져왔습니다.'

²⁶⁻²⁷ 주인은 격노했다. '그것은 비참하게 사는 길이다! 그렇게 조심조심 살다니 한심하다! 내가 최선을 요구하는 줄 안다면서, 어째서 너는 최소한에도 못 미치는 행동을 했느냐? 적어도 그 돈을 은행에라도 맡겼더라면, 내가 약간의 이자라도 받았을 게 아니냐.

²⁸⁻³⁰ 천만 원을 빼앗아서, 모험을 가장 많이 한 사람에게 주어라. 그리고 위험한 상황을 피해 안전에만 급급한 이 사람을 내쫓아라. 칠흑 같은 어둠 속에 던져라.'"

양과 염소

³¹⁻³³ "인자가 마침내 아름다운 광채를 발하며 모든 천사들과

함께 올 때에, 그는 자기 영광의 보좌에 앉을 것이다. 모든 나라가 그 앞에 늘어설 그때에, 그는 마치 목자가 양과 염소를 구분하여 양은 자기 오른편에, 염소는 자기 왼편에 두는 것처럼 사람들을 구분할 것이다.

34-36 그때 왕이 자기 오른편에 있는 사람들에게 말할 것이다. '내 아버지께 복 받은 사람들아, 들어오너라! 이 나라에서 너희가 받을 것을 받아라. 창세 이후로 너희를 위해 준비된 것이다. 그 이유는 이렇다.

내가 배고플 때 너희가 내게 먹을 것을 주었고
내가 목마를 때 너희가 내게 마실 것을 주었고
내가 집이 없을 때 너희가 내게 방을 내주었고
내가 떨고 있을 때 너희가 내게 옷을 주었고
내가 병들었을 때 너희가 내게 문병을 왔고
내가 감옥에 갇혔을 때 너희가 내게 면회를 왔다.'

37-40 그러면 그 양들이 말할 것이다. '주님, 무슨 말씀이십니까? 언제 우리가 주님이 배고프신 것을 보고 먹을 것을 드렸고, 목마르신 것을 보고 마실 것을 드렸습니까? 언제 우리가 주님이 아프시거나 감옥에 갇히신 것을 보고 가 뵀습니까?' 그러면 왕이 말할 것이다. '내가 중대한 진리를 말한다. 너희가 무시당하거나 남이 알아주지 않는 사람한테 그런 일 하나라도 하면, 너희는 바로 나한테 한 것이다.'

41-43 이어서 왕이 자기 왼편에 있는 염소들을 보고 말할 것이다. '이 무익한 염소들아, 나가거라! 너희는 지옥불 말고는 아무짝에도 쓸모가 없다. 그 이유를 묻는다면 이렇다.

내가 배고플 때 너희가 내게 먹을 것을 주지 않았고
내가 목마를 때 너희가 내게 마실 것을 주지 않았고
내가 집이 없을 때 너희가 내게 잠자리를 내주지 않았고
내가 떨고 있을 때 너희가 내게 옷을 주지 않았고
내가 병들고 감옥에 갇혔을 때 너희가 내게 와 보지 않았다.'

44 그러면 그 염소들이 말할 것이다. '주님, 무슨 말씀이십니까? 언제 우리가 주님이 배고프시거나, 목마르시거나, 집이 없으시거나, 떨고 계시거나, 병드셨거나, 감옥에 계신 것을 보고 도와드리지 않았습니까?'

45 왕이 그들에게 대답할 것이다. '내가 중대한 진리를 말한다. 너희가 무시당하거나 남이 알아주지 않는 사람한테—그게 바로 나였다—그런 일 하나라도 하지 않으면, 너희는 바로 나한테 하지 않은 것이다.'

46 염소들은 영원한 멸망으로, 양들은 영원한 상급으로 나아가게 될 것이다."

값비싼 향유를 부은 여인

26

1-2 예수께서 이 말씀을 마치시고, 제자들에게 말씀하셨다. "이제 이틀 후면 유월절이다. 그때, 인자가 배반당하고 넘겨져 십자가에 못 박힐 것이다."

3-5 그 순간에, 대제사장과 종교 지도자들 무리가 가야바라 하는 대제사장의 집무실에 모여, 예수를 몰래 잡아 죽이려는 음모를 꾸미고 있었다. 그들은 "괜히 폭동이 나는 것은 싫다"고 말하며, 유월절 기간에는 그 일을 하지 않기로 뜻을 모았다.

6-9 예수께서 나병환자 시몬의 손님으로 베다니에 계실 때, 어떤 여자가 다가와서 저녁을 드시는 그분께 아주 값비싼 향유 한 병을 부었다. 제자들이 그것을 보고 발끈했다. "저렇게 한심한 일을 하다니! 이것을 큰돈을 받고 팔아서 그 돈을 가난한 사람들에게 줄 수도 있었을 텐데."

10-13 예수께서 사태를 알아차리고 끼어드셨다. "너희는 어째서 이 여자를 괴롭게 하느냐? 이 여자는 지금 나한테 말할 수 없이 소중한 일을 한 것이다. 가난한 사람들은 평생 동안 너희와 함께 있겠지만, 나는 그렇지 않다. 이 여자가 내 몸에 향유를 부은 것은, 내게 기름을 부어 내 장례를 준비한 것이다. 내가 분명히 말한다. 온 세상에 **메시지**가 전파되는 곳마다, 지금 이 여자가 한 일도 기억되고 기려질 것이다."

14-16 그때 열두 제자 가운데 하나인 가룟 유다라는 자가, 대

제사장 무리에게 가서 말했다. "그를 당신들에게 넘겨주면 얼마나 주겠소?" 그들은 은화 서른 개에 합의했다. 그때부터 유다는 예수를 넘겨줄 적당한 기회를 노렸다.

인자를 배반할 자

17 무교절 첫날, 제자들이 예수께 와서 말했다. "우리가 어디에서 유월절 식사를 준비하기 원하십니까?"

18-19 예수께서 말씀하셨다. "시내로 들어가 한 남자한테 가서, '선생님께서 내 때가 다 되었으니 나와 내 제자들이 네 집에서 유월절 식사를 지키고자 한다'고 말하여라. 제자들은 정확히 예수께서 지시하신 대로 유월절 식사를 준비했다.

20-21 해가 진 후에, 예수와 열두 제자가 식탁에 둘러앉았다. 식사중에 예수께서 말씀하셨다. "괴롭지만 너희에게 중요한 말을 해야겠다. 너희 가운데 한 사람이, 음모를 꾸미는 세력에게 나를 넘겨줄 것이다."

22 그들이 소스라치게 놀라서, 한 사람씩 돌아가며 묻기 시작했다. "저는 아니겠지요, 주님?"

23-24 예수께서 대답하셨다. "나를 넘겨줄 사람은 날마다 나와 함께 먹는 사람이고, 식탁에서 내게 음식을 건네주는 사람이다. 인자가 배반당하는 것이 성경에 기록되어 있으니, 이것이 전혀 뜻밖의 일은 아니다. 그러나 인자를 배반하여 넘겨줄 그 사람은, 이 일을 하느니 차라리 태어나지 않았으면 좋았을 것이다!"

²⁵ 그때, 이미 배반자로 돌아선 유다가 말했다. "랍비님, 저는 아니겠지요?"

예수께서 말씀하셨다. "유다야, 나를 속일 생각은 마라."

이것은 내 몸과 내 피다

²⁶⁻²⁹ 식사중에 예수께서 빵을 들어 축복하시고, 떼어서 제자들에게 주셨다.

받아서, 먹어라.
이것은 내 몸이다.

또 잔을 들어 하나님께 감사하신 후에, 그들에게 주셨다.

너희 모두 이것을 마셔라.
이것은 내 피다.
죄를 용서하려고 많은 사람들을 위해 붓는
하나님의 새 언약이다.

"내 아버지의 나라에서 너희와 함께 마실 새날까지, 내가 이 잔으로 다시는 포도주를 마시지 않을 것이다."

³⁰ 그들은 찬송을 부르고 곧장 올리브 산으로 갔다.

겟세마네 동산에서 기도하시다

31-32 그때 예수께서 제자들에게 말씀하셨다. "이 밤이 다하기 전에, 내게 벌어지는 일 때문에 너희가 넘어지고 말 것이다. 성경은 이렇게 말한다.

내가 목자를 치리니
양들이 허둥지둥 흩어질 것이다.

그러나 내가 살아난 뒤에는, 너희 목자인 내가 너희보다 먼저 앞장서 갈릴리로 갈 것이다."

33 베드로가 불쑥 끼어들었다. "주님 때문에 다른 사람들이 다 넘어진다 해도, 저는 그러지 않겠습니다."

34 예수께서 말씀하셨다. "너무 자신하지 마라. 바로 오늘 밤, 수탉이 새벽을 알리기 전에, 네가 나를 세 번 부인할 것이다."

35 베드로가 우겼다. "주님과 함께 죽는 한이 있어도, 절대로 주님을 부인하지 않겠습니다." 다른 제자들도 모두 똑같이 말했다.

36-38 그러고 나서, 예수께서 그들과 함께 겟세마네라는 동산으로 가서 제자들에게 말씀하셨다. "내가 저기 가서 기도하는 동안에 너희는 여기 있어라." 베드로와 세베대의 두 아들을 데리고 가시면서, 예수께서는 심히 괴로워 슬픔에 잠겼다. 예수께서 말씀하셨다. "이 슬픔이 내 생명을 꺾어 버리

는구나. 여기서 나와 함께 깨어 있어라."

³⁹ 예수께서 조금 더 나아가, 얼굴을 땅에 대고 기도하셨다. "내 아버지, 다른 길이 있거든 나를 여기서 벗어나게 해주십시오. 그러나 내가 원하는 대로 하지 마시고, 아버지께서 원하시는 대로 행하십시오. 아버지, 아버지께서 원하시는 것이 무엇입니까?"

⁴⁰⁻⁴¹ 예수께서 돌아와 보니, 제자들이 곤히 잠들어 있었다. 예수께서 베드로에게 말씀하셨다. "단 한 시간도 나와 함께 견딜 수 없더냐? 깨어 있어라. 위험에 처한 줄도 모른 채 유혹에 빠지는 일이 없도록 기도하여라. 너는 하나님 안에서 무엇이든 열심히 할 각오가 되어 있다만, 한편으로는 난롯가에 잠든 늙은 개처럼 나른하구나."

⁴² 예수께서 두 번째로 그들을 떠나서, 다시 기도하셨다. "내 아버지, 이 잔을 마지막 한 방울까지 마시는 것 외에 다른 길이 없다면, 나는 각오가 되어 있습니다. 아버지 방법대로 하십시오."

⁴³⁻⁴⁴ 예수께서 돌아와 보니, 이번에도 제자들이 곤히 잠들어 있었다. 도저히 눈이 떠지지 않았던 것이다. 예수께서 이번에는 그들을 자도록 두시고 세 번째로 가서 기도하시되, 똑같은 말씀으로 마지막으로 한 번 더 기도하셨다.

⁴⁵⁻⁴⁶ 예수께서 돌아와 말씀하셨다. "밤새도록 자려느냐? 내 때가 되었다. 인자가 죄인들의 손에 넘어간다. 일어나거라! 가자! 나를 배반할 자가 왔다."

예수께서 잡히시다

47-49 예수의 입에서 그 말이 채 떨어지기가 무섭게, (열두 제자 가운데 하나인) 유다가 나타났다. 그 곁에는 대제사장과 종교 지도자들이 보낸 무리가 칼과 몽둥이를 들고 함께 있었다. 배반자는 그들과 암호를 짜 두었다. "내가 입 맞추는 사람이 바로 그 자니, 그를 잡으시오." 그는 곧장 예수께 가서 "랍비님, 안녕하십니까?" 하고 인사하며 그분께 입을 맞추었다.

50-51 예수께서 말씀하셨다. "친구여, 이 무슨 짓이냐?" 그러자 무리가 달려들어 그분을 붙잡아 거칠게 다루었다. 예수와 함께 있던 사람들 가운데 하나가, 칼을 뽑아 휘둘러서 대제사장의 종의 귀를 잘라 버렸다.

52-54 예수께서 말씀하셨다. "그 칼을 도로 꽂아라. 칼을 쓰는 자는 다 칼로 망하는 법이다. 내가 당장이라도 내 아버지께 청하여서, 전투태세를 갖춘 천사 열두 중대를 여기로 오게 할 수 있다는 것을 너희는 모르느냐? 하지만 내가 그렇게 하면, 이런 일이 일어나야 한다고 한 성경 말씀이 어떻게 이루어지겠느냐?"

55-56 그런 다음 예수께서 무리에게 말씀하셨다. "내가 위험한 범죄자라도 되는 것처럼 칼과 몽둥이로 나를 잡으러 오다니, 이게 무슨 짓이냐? 내가 날마다 성전에 앉아서 가르쳤지만, 너희는 내게 손 하나 대지 않았다. 너희가 이렇게 한 것은, 예언자의 글을 확증하고 성취하기 위해서다."

그때 제자들이 모두 황급히 달아났다.

유대 의회 앞에 서시다

57-58 예수를 잡은 무리가 그분을 대제사장 가야바 앞으로 끌고 갔다. 거기에 종교 학자와 지도자들이 모여 있었다. 그들이 대제사장의 안뜰에 이를 때까지 베드로는 안전한 거리를 두고 뒤따라갔다. 그는 하인들 틈에 슬며시 섞여서, 일이 어떻게 되는지 지켜보았다.

59-60 대제사장들은 예수께 사형을 선고하기 위해, 유대 의회와 공모해 그분을 고발할 죄목을 꾸며 내려고 했다. 그러나 많은 사람들이 나서서 줄줄이 거짓 증언을 내놓는데도, 믿을 만한 것이 하나도 없었다.

60-61 마침내 두 사람이 나와서 이렇게 고발했다. "그는 '내가 하나님의 성전을 헐고 사흘 만에 다시 지을 수 있다'고 했습니다."

62 대제사장이 일어서서 말했다. "이 증언에 대해 너는 뭐라고 말하겠느냐?"

63 예수께서 침묵하셨다.

그러자 대제사장이 말했다. "내가 살아 계신 하나님의 권세로 너에게 명한다. 네가 하나님의 아들, 메시아인지 말하여라."

64 예수께서 짧게 말씀하셨다. "네가 그렇게 말했다. 그러나 그것이 전부가 아니다. 조만간 네 눈으로 직접 보게 될 것이다.

전능하신 분의 오른편에 앉은 인자가
하늘 구름을 타고 올 것이다.”

65-66 그 말에 대제사장이 흥분해서, 자기 옷을 찢으며 소리
쳤다. “이 자가 하나님을 모독했소! 그를 고발할 증인이 무
슨 필요가 있겠소? 그가 하나님을 모독하는 것을 여러분이
다 들었소! 여러분은 이 신성모독을 그냥 두고 볼 셈이오?”
그들이 일제히 말했다. “사형입니다! 그 정도라면 사형선고
가 마땅합니다.”

67-68 그러자 사람들이 예수의 얼굴에 침을 뱉고, 그분을 주
먹으로 쳤다. 그들은 그분을 때리면서 조롱했다. “예언해
봐라, 메시아야. 이번에 너를 친 사람이 누구냐?”

베드로가 예수를 부인하다

69 그동안, 베드로는 안뜰에 앉아 있었다. 한 여종이 그에게
다가와서 말했다. “당신도 갈릴리 사람 예수와 함께 있지 않
았나요?”

70 그곳에 있는 모든 사람 앞에서 베드로는 부인했다. “당신
이 무슨 말을 하는지 모르겠소.”

71 그가 문 쪽으로 가니, 또 다른 사람이 옆에 있는 사람들
에게 말했다. “이 사람도 나사렛 예수와 함께 있었소.”

72 베드로는 다시 한번 부인하며 맹세까지 더했다. “맹세하
지만, 나는 그 사람을 본 적도 없소.”

⁷³ 잠시 후에, 몇몇 구경꾼들이 베드로에게 다가왔다. "너도 그들 가운데 하나가 틀림없다. 네 사투리를 보면 안다."

⁷⁴⁻⁷⁵ 그러자 베드로는 너무 두려워서 저주하며 말했다. "나는 그 사람을 모르오!"

바로 그때, 수탉이 울었다. 베드로는 "수탉이 울기 전에 네가 나를 세 번 부인할 것이다"라고 하신 예수의 말씀이 생각났다. 그는 밖으로 나가서, 하염없이 흐느껴 울고 또 울었다.

유다의 자살

27 ¹⁻² 동틀 무렵, 모든 대제사장과 종교 지도자들이 모여서 예수를 죽일 모의를 마무리 지었다. 그들은 예수를 결박해서 총독 빌라도에게 끌고 갔다.

³⁻⁴ 예수를 배반한 유다는, 그분에게 유죄 판결이 내려진 것을 알았다. 양심의 가책을 이길 수 없었던 그는, 은화 서른 개를 대제사장들에게 돌려주며 말했다. "내가 죄를 지었소. 내가 죄 없는 사람을 배반했소."

그러나 그들이 말했다. "우리가 알 바 아니다. 그것은 너의 문제다!"

⁵ 유다는 은화를 성전 안에 던지고 떠났다. 그는 밖으로 나가서 목을 매어 죽었다.

⁶⁻¹⁰ 대제사장들이 은화를 집어들었으나, 그것을 어떻게 처리해야 할지 막막했다. "살인의 대가로 받은 이 돈을 성전에 헌금으로 바치는 것은 옳지 않소." 그들은 그 돈으로 '토기장

이의 밭을 사서 노숙자의 묘지로 쓰기로 결정했다. 그래서 그 밭에 '살인의 밭'이라는 이름이 붙었고, 지금까지도 그렇게 불리고 있다. 그리하여 예레미야의 말이 현실이 되었다.

그들이 은화 서른 개,
이스라엘 자손이 값을 매긴 이의 몸값을 받아서
그것으로 토기장이의 밭을 샀다.

그들은 자신들도 모르게 하나님의 지시에 정확히 따랐던 것이다.

빌라도에게 사형선고를 받으시다

¹¹ 예수께서 총독 앞에 서자, 총독이 물었다. "네가 유대인의 왕이냐?"
예수께서 말씀하셨다. "네가 그렇게 말하면 그렇다."
¹²⁻¹⁴ 그러나 대제사장과 종교 지도자들이 맹렬하게 고발을 퍼부을 때, 예수께서는 아무 말씀도 없으셨다. 빌라도가 예수께 물었다. "저 긴 고발 목록이 들리느냐? 뭐라고 말해야 하지 않겠느냐?" 예수께서는 침묵을 지킬 뿐, 그 입으로 한 마디 말도 하지 않으셨다. 그것은 총독에게 아주 깊은 인상을 남겼다.
¹⁵⁻¹⁸ 명절 중에는 무리가 지명하는 죄수 하나를 총독이 사면해 주는 오랜 관례가 있었다. 때마침 예수 바라바라 하

는 악명 높은 죄수가 감옥에 수감되어 있었다. 빌라도가
무리 앞에서 말했다. "여러분은 내가 어떤 죄수를 놓아주
기를 원하오? 예수 바라바요? 아니면 그리스도라 하는 예
수요?" 빌라도는 그들이 예수를 자기에게 넘긴 것이 순전
히 악의에서 비롯된 일임을 알고 있었다.

¹⁹ 재판이 아직 진행중일 때, 빌라도의 아내가 말을 전해 왔
다. "이 고귀한 사람을 재판하는 일에 상관하지 마세요. 내
가 그 사람 꿈으로 밤새 뒤숭숭했습니다."

²⁰ 한편, 대제사장과 종교 지도자들은 무리를 부추겨 바라바
의 사면과 예수의 처형을 요구하도록 했다.

²¹ 총독이 물었다. "여러분은 내가 두 사람 가운데서 누구를
놓아주기를 원하오?"

그들이 말했다. "바라바요!"

²² "그럼, 그리스도라 하는 예수는 내가 어떻게 하면 되겠
소?"

그들이 일제히 소리쳤다. "십자가에 못 박으시오!"

²³ 그가 따졌다. "무슨 죄목 때문이오?"

그러나 그들은 더 크게 소리쳤다. "십자가에 못 박으시오!"

²⁴ 빌라도는 아무 성과도 없이 자칫 폭동이 나려는 것을 보
고, 대야에 물을 가져다가 무리가 다 보는 앞에서 손을 씻으
며 말했다. "나는 이 사람의 죽음에 대한 책임에서 손을 떼
겠소. 지금부터는 여러분 소관이오. 여러분이 재판관이고
배심원이오."

²⁵ 무리가 대답했다. "우리가 책임지겠소. 우리 자손들이 책임지겠소."

²⁶ 빌라도는 바라바를 사면해 주었다. 그러나 예수는 채찍질한 뒤에, 십자가에 못 박도록 넘겨주었다.

십자가에 못 박히시다

²⁷⁻³¹ 총독 수하의 병사들이 예수를 총독 관저로 데리고 들어가서, 부대 전체를 모아 놓고 희희덕거렸다. 그들은 예수의 옷을 벗기고 빨간색 긴 겉옷을 입혔다. 그리고 가시나무로 엮은 왕관을 그분 머리에 씌웠다. 그들은 그분의 권위를 인정한답시고 오른손에 홀처럼 막대기를 쥐어 주었다. 그러고는, 그분 앞에 무릎을 꿇고서 예를 갖추는 시늉을 하며 조롱했다. "유대인의 왕, 만세!" 그들이 말했다. "만세!" 또 그들은 예수께 침을 뱉고 막대기로 그분의 머리를 때렸다. 실컷 즐기고 나서, 그들은 겉옷을 벗기고 다시 그분의 옷을 입혔다. 그런 다음, 십자가에 못 박으려고 끌고 나갔다.

³²⁻³⁴ 가는 길에 그들은 시몬이라는 구레네 사람을 만나, 그에게 예수의 십자가를 지게 했다. '해골 언덕'이라 하는 골고다에 이르자, 그들은 (포도주와 몰약을 섞어서 만든) 가벼운 진통제를 예수께 주었다. 그러나 예수께서 맛보시고는 마시려 하지 않으셨다.

³⁵⁻⁴⁰ 병사들은 예수를 십자가에 못 박고서 그분이 죽기를 기다리는 동안, 그분의 옷가지를 나눠 가지려고 주사위를 던

지며 시간을 보냈다. 그분의 머리 위에는 '이 사람은 유대인
의 왕 예수다'라고 쓴 팻말이 붙어 있었다. 예수와 함께 죄
수 두 사람도 십자가에 달렸는데, 하나는 그분 오른쪽에, 다
른 하나는 왼쪽에 달렸다. 길을 가던 사람들은 슬픈 척 고개
를 저으며 예수를 조롱했다. "성전을 헐고 사흘 만에 다시
짓겠다고 으스대던 네가 아니냐. 그러니 실력을 보여 봐라!
네 자신을 구원해 보라고! 네가 정말 하나님의 아들이면 그
십자가에서 내려와 봐라!"

⁴¹⁻⁴⁴ 바로 그 자리에서, 대제사장들도 종교 학자와 지도자와
나머지 사람들과 어울려 신나게 그분을 비웃었다. "그가 다
른 사람은 구원하더니 자기는 구원하지 못하는군! 이스라
엘의 왕이라고? 그럼 그 십자가에서 내려와 보시지. 그러면
우리가 다 믿을 텐데! 하나님을 철석같이 믿더니만, 어디 하
나님이 이제 자기 아들을 구해 주시나 보자. 그야 하나님이
원하셔야 되겠지만! 이 자는 자칭 하나님의 아들이 아니었
나?" 예수와 함께 십자가에 못 박힌 두 죄수까지도 조롱에
가세했다.

⁴⁵⁻⁴⁶ 정오부터 세 시까지, 온 땅이 어두워졌다. 오후 중반쯤
에, 예수께서 깊은 데서부터 신음하며 큰소리로 부르짖으셨
다. "엘리, 엘리, 라마 사박다니?" 이 말은 "나의 하나님, 나
의 하나님, 어찌하여 나를 버리셨습니까?"라는 뜻이다.

⁴⁷⁻⁴⁹ 곁에서 그 말을 들은 몇몇 사람들이 "이 사람이 엘리야
를 부른다" 하고 말했다. 그 가운데 한 사람이 달려가서, 솜

뭉치를 신 포도주에 적셔서, 장대에 달아 올려 그분께 마시게 했다. 다른 사람들은 "그렇게 서두를 것 없다. 엘리야가 와서 그를 구해 주나 보자" 하고 놀려 댔다.

50 그러나 예수께서 다시 한번 크게 소리지르시고 숨을 거두셨다.

51-53 그 순간, 성전의 휘장이 위에서부터 아래까지 둘로 찢어졌다. 지진이 일어나서 바위들이 갈라져 산산조각 났다. 그뿐 아니라 무덤들이 열리면서, 무덤 속에 자고 있던 많은 믿는 이들의 몸이 살아났다. (예수께서 부활하신 후에, 그들은 무덤을 떠나 거룩한 도성에 들어가서 많은 사람들에게 나타나 보였다.)

54 경비대장과 그와 함께 있던 사람들은, 지진과 그 밖에 일어난 일을 보고는 몹시 두려웠다. 그들은 말했다. "이 사람은 하나님의 아들이 틀림없다!"

55-56 또한 많은 여자들이 멀리서 지켜보고 있었는데, 그들은 예수를 섬기려고 갈릴리에서부터 그분을 따라온 사람들이었다. 그들 가운데는 막달라 마리아, 야고보와 요셉의 어머니 마리아, 세베대의 두 아들의 어머니도 있었다.

무덤에 묻히시다

57-61 그날 오후 늦게, 예수의 제자인 아리마대 출신의 한 부자가 왔다. 그의 이름은 요셉이었다. 그는 빌라도에게 가서 예수의 시신을 거두게 해달라고 청했다. 빌라도는 그의 청

을 들어주었다. 요셉은 시신을 가져다가 깨끗한 세마포에 싸서, 최근에 바위를 깎아서 만든 자신의 새 무덤에 모셔 두고, 큰 돌을 굴려 입구를 막고 나서 그곳을 떠났다. 그러나 막달라 마리아와 다른 마리아는 남아서, 무덤이 잘 보이는 곳에 앉아 있었다.

62-64 해가 진 후에, 대제사장과 바리새인들이 빌라도에게 면회를 청했다. 그들은 말했다. "총독님, 저 거짓말쟁이가 살아 있을 적에 '내가 사흘 후에 다시 살아날 것이다' 하던 말이 이제야 생각났습니다. 사흘째 되는 날까지 무덤을 봉인해야 되겠습니다. 그의 제자들이 와서 시체를 훔쳐 가서는, '그가 죽은 자들 가운데서 살아났다'고 하면서 떠들고 다닐 가능성이 높습니다. 그렇게 되면 우리의 처지가 전보다 더 곤란해집니다. 나중 속임수가 처음 속임수보다 더 해를 끼칠 수 있습니다."

65-66 빌라도가 그들에게 말했다. "당신들에게 경비대가 있을 것 아니오. 가서 힘껏 지키도록 하시오." 그들은 나가서 돌을 봉인하고, 경비병을 세워 무덤을 단단히 지켰다.

그분은 다시 살아나셨다

28 1-4 안식일이 지나고 새로운 한 주의 먼동이 틀 무렵, 막달라 마리아와 다른 마리아가 무덤을 지키려고 갔다. 그때 갑자기 발밑에서 땅이 흔들리고 진동하더니, 하나님의 천사가 하늘에서 내려와 그들이 서 있는

곳으로 왔다. 천사가 돌을 굴려 내고 그 위에 앉았다. 그에게서 번개 같은 빛이 번쩍였고, 그의 옷은 눈처럼 하얗게 빛났다. 무덤을 지키던 경비병들은 너무 두려웠다. 어찌나 무서웠던지 꿈쩍도 하지 못했다.

5-6 천사가 여자들에게 말했다. "조금도 두려워할 것 없다. 너희가 십자가에 못 박히신 예수를 찾는 줄을 내가 안다. 그분은 여기 계시지 않는다. 그분은 말씀하신 대로 다시 살아나셨다. 와서 그분을 모셔 두었던 곳을 보아라.

7 자, 어서 가서 제자들에게 말하여라. '그분께서 죽은 자들 가운데서 살아나셨다. 그분께서 너희보다 먼저 갈릴리로 가실 것이다. 너희는 거기서 그분을 뵐 것이다' 하고 말하여라. 이것이 내가 전하는 소식이다."

8-10 여자들은 크게 놀라고 기쁨에 겨워, 한시도 지체하지 않고 무덤을 떠났다. 그들은 제자들에게 전하려고 달려갔다. 그때 예수께서 그들을 만나셔서, 그들을 멈추어 세우고 말씀하셨다. "잘 있었느냐?" 여자들은 무릎을 꿇고 그분의 발을 붙잡고 경배했다. 예수께서 말씀하셨다. "너희가 있는 힘을 다해 나를 붙잡고 있구나! 그렇게 무서워하지 마라. 가서, 내 형제들에게 갈릴리로 가라고 하여라. 거기서 내가 그들을 만나겠다고 전하여라."

11-15 한편, 경비병들이 뿔뿔이 흩어졌으나, 그 가운데 몇 사람이 도성으로 들어가서 일어난 일을 대제사장들에게 전했다. 그들은 종교 지도자 회의를 소집해 대책을 마련했다. 그

들은 거액의 돈을 병사들에게 주면서, "밤에 그의 제자들이
와서 우리가 잠든 사이에 시체를 훔쳐 갔다"고 말하도록 매
수했다. 그러고는 "너희가 근무중에 잤다는 말이 혹시 총독
에게 들어가더라도 우리가 문책을 면하게 해주겠다"며 그들
을 안심시켰다. 병사들은 뇌물을 받고서 그들이 시킨 대로
했다. 유대 최고의회에서 날조해 낸 그 이야기가, 지금까지
도 나돌고 있다.

❧

16-17 한편, 갈릴리로 떠난 열한 제자는, 예수께서 다시 만날
장소로 정해 주신 산으로 향했다. 예수를 뵙는 순간에, 그들
은 그분께 경배했다. 그러나 경배하기를 망설이며, 그분께
자신의 인생을 완전히 걸어야 할지 확신하지 못하는 사람들
도 있었다.
18-20 이에 아랑곳하지 않고, 예수께서 곧바로 이렇게 지시하
셨다. "하나님께서 내게 주신 권세와 명령으로 너희에게 이
일을 맡긴다. 너희는 세상으로 두루 나가서 만나는 모든 사
람마다 이 생명의 길로 훈련시키고, 아버지와 아들과 성령
의 이름으로 그들에게 세례를 주어 표를 삼아라. 그리고 내
가 너희에게 명령한 모든 것을 삶으로 살아가도록 가르쳐
라. 너희가 이 일을 하는 동안에, 이 시대가 끝날 때까지 날
마다 하루도 빠짐없이, 내가 너희와 함께 있을 것이다."